# Disciplina y límites: mapas de amor

## María Rosas

CENGAGE
Learning™

Australia • Brazil • Japan • Korea • Mexico • Singapore • Spain • United Kingdom • United States

CENGAGE
Learning

**Disciplina y límites: mapas de amor**
María Rosas

**Presidente de Cengage Learning Latinoamérica:**
Javier Arellano Gutiérrez

**Director editorial Latinoamérica:**
José Tomás Pérez Bonilla

**Director de producción:**
Raúl D. Zendejas Espejel

**Editora:**
Paola Martín Moreno R.

**Editora de producción:**
Gloria Luz Olguín Sarmiento

**Diseño de portada:**
Gerardo Larios García

**Imagen de portada:**
www.dreamstime.com

**Fotógrafo:**
Neal Shannon

**Composición tipográfica:**
Silvia Plata Garibo
Gerardo Larios García

Datos para catalogación bibliográfica
Rosas, María
*Disciplina y límites: mapas de amor*
ISBN-13: 978-970-830-068-1
ISBN-10: 970-830-068-3

Visite nuestro sitio en:
http://latinoamerica.cengage.com

Impreso en Cosegraf; nov. del 2008
Progreso No. 10 Col. Centro
Ixtapaluca Edo. De México

# Dedicatoria

*E*ste libro fue escrito pensando en todos los padres de familia que están convencidos que a los niños no hay que contradecirlos, ni negarles nada. Más aún, que piensan que padres e hijos deben ser sólo amigos.

Estos papás me ayudaron a comprender lo necesarios que son los límites a tiempo, casi desde que los chicos son muy pequeños. Estos límites, junto con una disciplina amorosa, son los pilares de la formación emocional de nuestros hijos. Sin miedo, atrevámonos a ejercer nuestro rol como adultos, hagámosles más fácil el camino, aprendamos a ponerles un límite por su propia seguridad física y emocional.

# Contenido

# Contenido

# Presentación de la colección
# Aprender para crecer

Recuerdo con claridad cuando me dispuse a plasmar en papel todo cuanto sabía o creía saber acerca de la formación y educación de los hijos. Los míos, para empezar, como base exploratoria, sin duda constituirían una historia ejemplar. Y por qué no, si palpaba cotidianamente las esencias más puras referentes a los temas que nos conciernen a la mayoría de los padres, si había vivido y continuaba experimentando en todo su esplendor y dolor los matices de la maternidad, si reconocía en la imagen que devuelve el espejo a una mujer entregada a la superación y felicidad de sus hijos. No estaba del todo errada, sin embargo, al no exhalar sobre el respaldo de mi silla cómplice y después de meses estirar las piernas, comprendí que los hilos de mi narrativa habían creado un tejido indestructible entre mis sentimientos y mi realidad como madre. Fue al leer, preguntar, acomodar, suprimir y reconocer que advertí la inmensidad del entendimiento: son los niños quienes nos cargan de energía para llevarlos y traerlos; son los niños los que proyectan metas personales al descubrir el mundo a través de nuestros pasos; son ellos quienes nos abrazan en las noches más confusas y solitarias; son nuestros hijos los que trazan con envidiable precisión el compás de la unión familiar. Cierto es que como padres nos graduamos a la par de ellos, también lo es que el manual de convivencia, desarrollo y armonía lo redactamos juntos, como núcleo. Comparto entonces, esta colección, *Aprender para crecer*, a todos aquellos padres que dividen sus horarios entre visitas al pediatra y partidos de futbol, también a todas las madres que comprenden de desvelos y zurcidos invisibles —los del alma incluidos. Este compendio de experiencias, testimonios, confesiones y recomendaciones enaltece las voces de especialistas, cuidadores, profesores, madres y padres que provienen curiosamente de diversos caminos, pero que y porque la vida la trazamos así, se han detenido entre cruces y por debajo de puentes a tomar un respiro y tenderse la mano. Que sea ese el propósito de nuestra paternidad: sujetar con disciplina, amor, diversión, cautela y libertad las manos de nuestros hijos y que permitamos que continúen impulsándonos a ser no sólo mejores ejemplos, también sólidos y eternos encuentros.

*Disciplina y límites: mapas de amor* circunda lo que se considera como la columna vertebral de un ser humano, sin importar su edad: la formación. Encontrarás un sinnúmero de testimonios y consejos prácticos, clínicos también, sobre las diferentes tácticas para evitar que nuestros hijos se conviertan no sólo en pequeños monstruos, sino en intratables, insociables y ásperos adultos.

# Introducción

Imaginemos que vamos caminando por la calle y de repente nuestro hijo de dos años de edad se suelta de nuestra mano y sale corriendo sin fijarse si vienen automóviles o no. O que estamos en el supermercado un domingo a las cinco de la tarde y nuestra hermosa hija de cuatro años hace una pataleta que inmediatamente nos convierte en víctimas de la mirada de los ahí presentes. Pensemos también en lo que nos provoca que nos hablen de la escuela del hijo de nueve años, por tercera vez en el mes, para informarnos de su mal comportamiento. O que nuestra preadolescente de apenas 11 años nos azota en las narices la puerta de su habitación cuando le exigimos que no nos conteste groseramente.

¿Alguna de estas anécdotas suena conocida?

Sin duda, madres y padres por igual hemos enfrentado por lo menos una vez en nuestra vida situaciones similares. ¿Cómo las hemos afrontado?, ¿cómo hemos manejado esos momentos en los que lo único que deseamos es desaparecer a nuestros hijos, o salir corriendo a la calle y no volver?

Todos los padres nos hemos sentido enojados, frustrados, desalentados y muy desorientados cuando nos damos cuenta de nuestras reacciones frente a los momentos difíciles de los niños. Gritos, golpes, ofensas, malos tratos, ¿acaso sirven para mejorar la conducta del niño?

Este libro trata de eso. Habla de la forma en la que los papás encaramos la imposición de límites y disciplina en la educación de nuestros hijos; habla también de lo importante que es considerar ambos, límites y disciplina, como mapas del camino que llevará a nuestros hijos a ser mejores personas, más responsables, más tolerantes y, por qué no decirlo, más felices.

Éste no es un compendio de recomendaciones de psicólogos y terapeutas infantiles o familiares. Es un testimonio de todos los que estamos aprendiendo a ser padres sobre la marcha. Yo, por ejemplo, no soy pedagoga, psicóloga o pediatra ni tampoco experta en cuestiones de crianza y desarrollo infantil. Soy mamá. Y desde que nacieron mis hijos (Daniel y Lucía) me he dedicado a la tarea de entrevistar a cientos de madres sólo para reforzar la idea de que, aunque no sepamos todo de cómo educar niños, no lo hacemos tan mal. Por supuesto, incluyo el enfoque de algunos expertos porque siempre es orientador. Pero destaco las experiencias cotidianas de quienes suben, bajan, entran, salen, recogen niños, trabajan, preparan cenas, pelean contra la televisión y el Nintendo, gritan, se enojan y lloran a solas en la noche con sentimiento de culpa por el miedo a no estar cumpliendo cabalmente su función: la de madre.

Éste libro forma parte de una colección de solidaridad y complicidades maternas, pensada como un material que nos permitirá conocer los testimonios de otros padres.

*Disciplina y límites: mapas de amor* es una obra que nos brinda la oportunidad de reflexionar acerca de la relación padre-hijo. Reza un refrán que "echando a perder se aprende". Pues aunque me apene reconocerlo, en la educación sí aplica y si no nos apoyamos en los límites, en la disciplina y en permitir que nuestros hijos enfrenten sus buenas dosis de frustración ellos serán los principales afectados, ya que no conocerán el mejor camino hacia el crecimiento, no tendrán herramientas para encarar la vida adulta y vivirán eternamente enojados.

# Capítulo uno

## Hijos disciplinados: ¿misión imposible?

*T*res semanas antes de la fecha de su aniversario de bodas, Laura y Jorge nos invitaron a la comida con la que lo celebrarían. Lo hicieron con tanta anticipación, supongo, porque sabían que generalmente se nos dificulta dejar encargados a los niños. Pero en esa ocasión no teníamos pretexto para faltar y los chicos no vendrían con nosotros. Logramos que Lucía se quedara con la abuela, y Daniel iría de excursión con los *boy scouts*, la cual duraría por lo menos hasta las seis de la tarde.

Después de mucho tiempo de no salir juntos, la idea de hacerlo sin hijos y comer en compañía de un grupo divertido de amigos, nos parecía a mi esposo y a mí un verdadero regalo enviado del cielo.

Sin embargo, con los hijos nunca se sabe lo que nos depara el destino, y esta vez no fue la excepción: mi hija quiso acompañarnos y el paseo de Daniel acabó antes de lo planeado. Debido al imprevisto retorno de nuestro *scout*, mi esposo tuvo que abandonar la comida a las cuatro de la tarde, con la idea de regresar. Pero no volvió. Al llegar al parque por el niño, el jefe del grupo de los excursionistas se quejó amargamente sobre el comportamiento de Daniel, al punto que advirtió al pequeño que si durante la semana siguiente se portaba mal en casa no podría volver al grupo.

*La única educación eterna es ésta: estar lo bastante seguro de una cosa para atreverse a decírsela a un niño.*

G. K. Chesterton

La consecuencia de la conducta rebelde del niño ya había sido anunciada por el instructor. Era suficiente, y Daniel lo lamentaba de verdad, porque finalmente había logrado integrarse —y yo diría que incluso había llegado a querer— al clan de niños exploradores, y lo que menos deseaba era perderlos. Pero igual que muchos padres de hoy, estamos convencidos de que "los niños vienen tremendos" y nunca hay suficientes sanciones para su mal comportamiento, así que Guillermo, mi esposo, decidió aplicar el castigo de inmediato y lo llevó directo a casa después de recogerlo; además, le prohibió ver su programa de televisión preferido durante una semana. Por supuesto, tuvo que quedarse en casa con el niño y no regresó a la comida.

¿Sería suficiente reprimenda para Daniel? ¿Entendería el niño que debía portarse bien tras aquella desbordada secuela de medidas contra su mal comportamiento?

Probablemente no, y las razones de ello son muy simples. El chico no comprendía por qué lo llevaban a casa castigado y, por si fuera poco, le prohibían ver la televisión durante una semana, si ya había sido sentenciado con no volver a los *scouts* a menos que se portara bien.

"¿Qué peor castigo que ése, mamá?", me preguntó aquella noche.

Recuerdo que también me reclamó por qué no le habíamos preguntado las razones de su conducta que, para nosotros, en ese momento eran lo de menos.

Cierto, el padre reaccionó de acuerdo con su convicción de lo que era mejor para el niño en ese instante. No obstante, el resultado del exceso de correctivos fue negativo para todos. Al castigar al niño en casa, Guillermo se castigó a sí mismo porque no pudo regresar a la reunión. Daniel se comunicó conmigo llorando para preguntarme si lo quería a pesar de haberse portado mal. Yo también resulté perjudicada. La idea de permanecer sola francamente no me apetecía. Era la única comensal que no estaba con su pareja y tuve que despedirme de los amigos mucho antes de lo previsto —por cierto, no de muy buena gana.

Dos días después, Daniel estaba instalado frente al televisor viendo su programa favorito. La sanción había sido retirada.

¿Valió la pena el mal momento que tuvimos que pasar todos cuando hubiera sido más fácil aplicar una, sólo una sanción lógica para la mala conducta de Daniel? Creo que no.

Una madre de las muchas que entrevisté para saber cómo manejan el asunto de los límites y la disciplina en la vida cotidiana con sus hijos, me explicó que en esas cuestiones, así como en lo concerniente a los castigos, ella y su marido eran todo un "modelo a seguir".

"Un día mi hija Paola, de 11 años de edad, y a punto de entrar en la preadolescencia, aventó la mochila de su hermano menor, con lo que se maltrataron los cuadernos y libros de la escuela.

Ricardo, mi esposo, y yo, estábamos planeando pasar el fin de semana fuera de la ciudad, pero fue tanto mi enojo al oír el llanto del niño por lo sucedido que dije a Paola que no iríamos a ningún lado y me puse a recoger, junto con mi hijo, la mochila y los útiles.

Recuerdo que Paola lloraba y lloraba porque se sentía profundamente culpable y temía a la reacción de su padre cuando se enterara de lo sucedido.

Era miércoles, y las amenazas estuvieron presentes jueves y viernes, días en los que la niña se sintió muy mal y lloraba cada vez que se acordaba. Insistía en que no era un castigo justo.

Cuando llegó el fin de semana, como podrás imaginar, no cumplimos las amenazas; es más, ni quién se acordara de ellas. Nos fuimos todos de viaje muy contentos. Paola invitó a su mejor amiga y la pasamos muy bien".

¿No hubiera sido mejor que esta arrepentida e indecisa madre obligara a su hija a recoger las pertenencias de su hermano y le exigiera una disculpa en el momento preciso de la agresión?

Sí, sin duda hubiera sido una consecuencia lógica y acorde con la acción de la niña. Se hubieran evitado llantos, resentimientos y amenazas. Pero que tire la primera piedra el padre de familia que no haya pasado por algo similar.

Casi todas las mamás que conozco han perdido la paciencia unas cuantas veces, y también han amenazado a sus hijos con aplicarles un castigo que difícilmente podría ser cumplido. El problema surge cuando las amenazas y los castigos incumplidos se convierten en parte medular de la relación con nuestros hijos.

La disciplina, los límites, los castigos, los gritos y los golpes son temas que preocupan a cualquier papá del planeta. ¿Cuántas veces no hemos escuchado a padres afligidos preguntarse si no estarán consintiendo demasiado a su hijo, o cuestionarse sobre la forma en que educan a sus niños, o hasta afirmar que sus padres lo hicieron mejor?

> Algunas ocasiones el castigo impartido al niño que ha desobedecido o faltado a una norma familiar, resulta igual o más perjudicial para el resto de la familia

"En mi caso, bastaba una mirada de papá para que yo obedeciera; en cambio, con mi hijo me puedo sacar los ojos y no se entera de mi enojo", cuenta Mónica Fernández, madre de dos niños.

También hemos oído a muchos padres asegurar que "una nalgada a tiempo es mejor que tolerar los berrinches de los chicos". Pero predominamos las mamás que amenazamos a los niños sin siquiera detenernos a pensar un poco en lo que estamos diciendo y, generalmente, no podemos llevar hasta el final lo que afirmamos.

Lourdes Laborde tiene dos hijos, una pequeña de nueve años y un niño de 11; ella se encarga de llevarlos cada mañana a la escuela. Por lo común, el recorrido matutino transcurre sin problema, pero una mañana los niños empezaron a discutir acerca del color del automóvil que circulaba al lado hasta que Linda, la hija, empezó a llorar. El hermano profirió una retahíla de críticas contra "la chillona de mi hermana" hasta que la mamá, al cuarto grito y manotazo sobre el volante, les advirtió que si no se callaban los obligaría a seguir el viaje solos en un taxi. Por supuesto, los chicos no le creyeron porque ya estaban acostumbrados a todo tipo de amenazas; así el pleito y los llantos continuaron. Lourdes se detuvo y se bajó furiosa del auto frente a la atónita mirada de los niños. Sin embargo, al ver el reloj y darse cuenta de que sólo tenía ocho minutos para llegar a la escuela desistió de su intento y se limitó a advertir a los pequeños que la próxima vez cumpliría sus amenazas.

Linda y Fernando voltearon a verse con cara de "¿tú le crees?".

"¿Qué querías que hiciera, que los mandara en un taxi exponiéndolos a que les pasara algo? Además, estaban a punto de cerrarme la escuela", explica Lourdes preocupada al ver descubierta su incongruencia.

Ella no sabe que lo que intento hacer al reproducir estos testimonios es "despertar" a las mujeres que tenemos la fortuna de ser madres para que nos demos cuenta de que a todas nos pasa lo mismo. Luchamos sin cesar por tener hijos felices, ordenados y racionales, pero pese a nuestros esfuerzos, nos equivocamos. Todas las noches sacamos uno de los numerosos libros que prometen —no siempre con los mejores resultados— enseñarnos a disciplinar a nuestros pequeños, pero en la mañana, cuando tenemos encima el peso de la realidad (niños, desayunos, escuelas, uniformes, mochilas, maridos que reclaman atención, etcétera), se nos olvida todo lo que nos explicó nuestro autor de cabecera.

De acuerdo con el doctor Arturo Mendizábal, psiquiatra infantil acostumbrado a hablar con padres de todo tipo y a tratar toda clase de problemas infantiles:

> La falta de consistencia de los padres de hoy respecto a los límites tiene algunas explicaciones. La primera es que sienten mucha culpa. Culpa con el niño, culpa de dañarlo, de lastimarlo, de ser un mal padre o madre, de arruinarlo.
>
> Creen, equivocadamente, que corregir al niño implica un daño irreversible. Y eso se ha difundido mucho, lo que ha hecho que los padres vivan con niños a los que sólo se atreven a "tratar con pinzas"; pequeños a los que no pueden limitar o regañar.
>
> Otra razón es la cantidad de información que los papás reciben del exterior. Hoy en día encontramos un mercado editorial repleto de ofertas técnicas acerca de cómo ser padre. Así, en lugar de mamás tenemos seres muy asustados que no saben qué hacer.
>
> El famoso instinto maternal ha sido enterrado bajo toneladas de consejos, y se cree que los niños son una especie de aparatos que requieren de un instructivo.

De acuerdo con lo anterior, la culpa nos acompaña constantemente en el proceso de crianza y educación de los hijos. En los testimonios relatados la encontramos luego de imponer castigos y amenazas. Por ejemplo, Daniel, el mío, pudo ver su programa predilecto todos los días; los padres de Paola no sólo no suspendieron su fin de semana fuera de la ciudad sino que incluso le permitieron invitar a una amiguita; y Fernando y Linda, los hijos de Lourdes, llegaron a la escuela a tiempo y en el auto de mamá.

*Hay que razonar con los niños. Entienden las razones desde que saben hablar y, si no me equivoco, gustan de ser tratados como criaturas coherentes desde mucho antes de lo que solemos imaginar.*

JOHN LOCKE

En lo personal, muy pocas veces cumplo las amenazas de castigo. ¿Por qué? Porque me cuesta trabajo. Siento terror de la tristeza de mis hijos si no ven su programa predilecto; si pelean en la mesa y les pido que se levanten, comienzo a sentir una fuerte angustia porque se queden sin comer. Soy enemiga de los golpes, y los gritos no me funcionan porque no hay firmeza en ellos y sí mucho que ver con mis propias frustraciones.

Aunque me cuesta trabajo reconocerlo, mis hijos se dan cuenta de que gran parte de las reglas y los castigos que impongo obedecen más a mi estado de ánimo que a otra cosa. Conclusión: no me hacen caso.

Ofelia de la Fuente, madre de Mariana y Alejandra, de nueve y 13 años de edad, cuenta que como cualquier otra madre, ha ido aprendiendo riéndose a veces de sí misma:

"Hasta hace un par de años, la forma de poner límites o imponer castigos se regía por mis tiempos y estados de ánimo: si tenía prisa todo debía ser rápido. Tenían que comer rápido, hacer rápido la tarea, bañarse en un parpadeo. Mis límites se basaban en la famosa teoría del 'no, bueno mejor sí; no, mejor no; mejor después'. Además, si me sentía más tranquila les permitía que hicieran la tarea más tarde y todo era más relajado.

Ahora me doy cuenta de que mi incongruente sistema educativo no funciona. Las niñas estaban confundidas y aprendieron que lograban lo que querían cuando yo estaba de determinado humor. Implementé la fórmula basada en el 'tú me das, yo te doy', la cual me ha funcionado muy bien.

Hoy la relación con mis hijas en cuanto a límites es mejor y mucho más congruente. El 'dar y dar' tal vez sea poco novedoso, pero sigue siendo el mejor camino. Si Alejandra quiere un permiso, sabe que para obtenerlo ha de ofrecerme antes algo a cambio. Por ejemplo, terminar temprano la tarea durante toda la semana, evitar que le repita, los cinco días de la semana escolar, que ponga la mochila en su lugar, etcétera. Creo que es un buen sistema y estoy viendo estupendos resultados".

## ¿Qué son los límites?

Los límites son un principio elemental en la formación de los hijos. De hecho, metafóricamente, dicen los expertos, los niños los traen incluidos al nacer, como pequeños aditamentos que debemos aprender a operar sin miedo.

De acuerdo con el doctor Mendizábal, los niños muy pequeños tienen problemas para distinguir entre realidad y fantasía. La educación que reciben entre los tres y cinco años de edad es la que los ayuda a conocer la diferencia entre ellas.

Los límites permiten que el niño distinga entre lo que puede y no puede hacer, y si no se le enseñan de manera firme y constante se confunde. Alrededor de los cinco años los chicos deben diferenciar entre la fantasía y la realidad y eso sólo pueden lograrlo mediante la acción de los límites.

Los expertos en materia educativa afirman que los límites tienen la función de orientar al niño para que aprenda a afrontar las exigencias del mundo en el que se desarrolla. En su libro *Límites a los niños. Cuándo y cómo*, las doctoras alemanas Cornelia Nitsch y Cornelia von Scheling aseguran que los límites son medios de ayuda y pilares importantes que acotan el terreno de juego para que el niño pueda moverse en él de manera segura y protegida. Según ellas, los mejores maestros en el arte de poner límites son los propios niños:

> Los padres de hoy tienen miedo de imponer demasiadas prohibiciones y castigos o de mostrar dominio excesivo; la educación autoritaria les aterroriza. Son más tolerantes, más liberales y más amistosos que los padres de antes, pero a la vez les cuesta trabajo desarrollar un concepto de educación. No hay duda de que los niños perciben el grado de inseguridad de sus padres, de lo desamparados y vulnerables que son. Así es como se produce un cuestionamiento continuo de reglas y límites, sin embargo, a muchos pequeños les han permitido tener tanto poder que no muestran el menor respeto por las necesidades de las demás personas, pero en el fondo, lo que piden a gritos es sentir una mano firme.

Casi todos los padres estamos en desacuerdo con la forma en que fuimos educados, aunque en el discurso muchos aceptemos que sí nos ayudó. Yo recuerdo, por ejemplo, que en casa obedecíamos por temor más que por convicción. Y en un acto de disculpa a mis padres por su autoritarismo, en acaloradas conversaciones con otras madres he defendido la forma irracional con la que fui educada. Jamás se nos explicaban las razones de las acciones, y los argumentos de nuestros padres se

> En los matices de la paternidad, pareciera que la culpa nos acompaña constantemente en el proceso de crianza y educación de los hijos

basaban en la teoría del "no te doy permiso porque no quiero y porque mando yo". Mi amiga Estela creció sin televisión porque en un arranque de absolutismo, su padre le prohibió verla. No le pasó nada por ello, pero a sus 43 años de edad aún se revela ante el recuerdo de aquel castigo. "Papá era implacable con las sanciones y los límites", declara, "además, era frío y muy autoritario. Yo he tratado de no repetir ese patrón con mis hijos, pero tampoco sé muy bien hacia dónde debo dirigirme. Los adolescentes ya no permiten ser castigados, siempre piden explicaciones y si te descuidas 'hasta te pegan'", comenta acongojada.

¿Cuántas mamás conocemos que no saben decir *no* por miedo a parecer autoritarias? Las vemos en el supermercado repitiendo una y otra vez "deja eso" o las encontramos en las calles jalando al niño que hace berrinche porque no le compran el juguete de moda. Tal vez nosotras mismas hemos sido víctimas del "haz aquello", "vas a ver llegando a la casa", "es la última vez que te lo digo", etcétera, porque no nos sentimos capaces de hacer sentir a los niños que nosotros somos los adultos y los que ponemos los límites.

Una de las claves para ser un buen padre estriba en dar al hijo su lugar, explica Arturo Mendizábal, pero no un lugar ideal ni privilegiado, sino su lugar en la familia. Y es muy difícil entender esto debido a la idealización de la infancia. Comenta:

> Todos los seres humanos crecemos e idealizamos nuestros primeros años de vida. Todos. Así, deseamos que los hijos vivan una infancia

ejemplar, ideal. Queremos convertir a nuestro hijo en una especie de 'salvador' y nosotros ocupar el papel de 'héroes' y demostrar a la humanidad que podemos criar un hijo sin los errores que cometieron nuestros padres con nosotros. Ello no es posible porque, simplemente, no se puede educar a un niño sin límites, sin disciplina."

Esto suena muy bien, pero es difícil recordarlo cuando estamos frente a una situación difícil con los niños.

*Educad a los niños y no será necesario castigar a los hombres.*

PITÁGORAS

Teresa González, madre de David, de 11 años de edad, y de los gemelos Andrés y Camila, de seis, es una dulce ama de casa a quien todas pedimos su sabio consejo, pues siempre tiene la palabra necesaria en el momento justo, el consuelo esperado e incluso puede derramar lágrimas junto a cualquier mamá que llore porque ya no soporta más a su familia —incluidos marido y niños. Sin embargo, Tere me confesó tener momentos de desesperación y, cuando lo considera necesario, recurre a un par de nalgadas sin el menor sentimiento de culpa; sobre todo las propina a Andrés, el más rebelde de los tres.

A Marcela Tovar le sucede lo mismo: "Mira", dijo tras un prolongado suspiro, "yo amo a mis hijas —tiene dos, una de 13 años y otra de nueve—, incluso estoy tomando cursos de administración del hogar, de cómo disciplinar a los niños y estoy por concluir un diplomado sobre los niños y la autoestima. Todos los jueves, que es el día que asisto a las clases, llego a recoger a las niñas con el firme propósito de que, a partir de ese momento, todo será distinto con ellas y me prometo a mí misma disfrutarlas, ayudarlas con las tareas, reflexionar antes de decirles que no a algo, pero cuando las llamo a comer por novena vez y no obedecen me convierto en una gritona desesperada. Siento que todo se viene abajo y hay un retroceso en los cambios prometidos."

## Límites y autoestima

Para que nuestros hijos desarrollen un sentimiento de autoestima no olvidemos que deben tener:

**Límites.** Las familias donde hay límites y reglas y que los padres comunican con firmeza pero con cordialidad, son las más favorables para el desarrollo de la autoestima. Cuando se carece de modelos, los niños tienen muchas dudas sobre lo que es apropiado y lo que no.

**Aceptación.** Se ha encontrado que los niños con alta autoestima tienen relaciones más cercanas con sus padres. Los padres con disposición a escuchar sus problemas, preocupados por las amistades del niño y dispuestos a participar en actividades recreativas y de entretenimiento con sus hijos, son los que tienen hijos con gran autoestima.

**Valores.** Los niños deben ser miembros de familias en las que exista un conjunto claro de valores. Los padres se los transmiten a los hijos por medio del ejemplo, con la crítica constructiva y con una firme orientación de lo que es adecuado y lo que no es correcto.

**Respeto.** Es la palabra clave para la autoestima. Como padres conocemos las palabras que expresan respeto porque las usamos con los adultos. Debemos ensayarlas y esforzarnos por usarlas con nuestros hijos.

Los psicólogos y psiquiatras infantiles, así como los terapeutas consultados, afirman que estas situaciones, en las que la madre debe repetir al niño las órdenes más de dos veces, son causadas por la excesiva tolerancia y el miedo que sienten a poner un límite. Cuando el pequeño no hace caso al primer llamado, la madre, en lugar de enojarse y comenzar una guerra de gritos y enojo, debe sentarse, empezar a comer y si el niño sigue sin obedecer, debe terminar sus alimentos, recoger la mesa y poner punto final a la discusión y a la espera.

*La vida debe ser una educación continua.*

Flaubert

La doctora Elizabeth Mendoza, psicoterapeuta infantil, expone lo siguiente:

Tengo el consultorio lleno de mamás que se preguntan qué deben hacer para que los niños ayuden en las tareas domésticas. Simplemente no debemos preguntarles si quieren hacerlo. Hay que dar la instrucción y si no la siguen, entonces debemos recurrir a la acción; por ejemplo, recoger la mesa y comunicar al pequeño, sin gritos ni enojos, que la hora de la comida concluyó y tendrá que esperar hasta la cena para comer algo.

A una mamá paciente mía le funcionó muy bien advertir a sus hijos que si no ponían la ropa sucia dentro del bote destinado a ello no la lavaría. Los niños trataron de romper este límite y la ponían a un lado, encima de la tapa, no dentro del bote. Al tercer día de hacerlo preguntaron a su madre por qué no lavaba su ropa si la habían puesto en el bote. La mamá les contestó que ni al lado, ni encima, que debían colocarla dentro, y si no lo hacían así no sería lavada. Se acabó el problema.

Por lo menos yo he intentado estos remedios contra la "sordera infantil," pero generalmente me dejo vencer por la mortificación de que no coman, por el malestar que me produce una casa desordenada, por un "por favor mamita, te prometo...". No obstante, reconozco que a muchas mujeres les funciona.

Una sabia mamá dejó de pelear con su hijo de 10 años por dejar la ropa sucia tirada por toda la casa. En la noche, cuando ella se disponía a apagar las luces e ir a dormir, encontraba un calcetín abajo del sillón de la sala, unos pantalones sucios tirados en el baño y el suéter del uniforme "hecho bola" en un cajón. Intentó por todos los medios persuadir al niño de que pusiera un poco de orden a la hora de cambiarse de ropa pero nada funcionó. Al final sus conflictos con el desorden ganaban y ella se ponía a recoger.

*Los padres de hoy desean actuar absolutamente de forma diferente a sus propios padres porque, cuando fueron niños, sufrieron el dominio de sus familias.*

NITSCH Y VON SCHELING

Una maestra de la escuela del niño a quien comentó el problema le recomendó que juntara toda la ropa sucia y, si lo que más le molestaba era verla regada por la casa, la metiera en una cubeta y la guardara en el clóset del niño hasta que él mismo empezara a buscar los pantalones o calcetines faltantes. Así lo hizo y obtuvo excelentes resultados. El hijo, al encontrar una cubeta llena de ropa sucia y maloliente entre su uniforme limpio de futbolista, decidió nunca más volver a dejar la ropa en otro lugar que no fuera el asignado a ello.

En su libro *Los niños primero: todo lo que deberíamos hacer y no hacemos por los niños de hoy*, la psicóloga inglesa Penelope Leach, conocida en el mundo como una gran defensora de los niños, afirma que, cuando se presentan dificultades con la disciplina de los hijos, el problema radica en las expectativas y métodos de quienes imparten la educación y no en los pequeños, que están aprendiendo. Ella asegura que los padres muy ocupados o preocupados por la desaprobación de otras personas respecto a la forma de conducir a sus hijos, esperan demasiado de los niños y con resultados inmediatos. Asimismo, piden a las escuelas que traten a sus hijos de acuerdo con los métodos modernos, pero ellos mismos están tentados a utilizar la disciplina tradicional, en especial el castigo, que siempre se les presenta como un atajo.

Para Leach:

> Los castigos no inspiran remordimientos o esfuerzos motivadores y raramente reforman a la gente —criminales, ciudadanos o niños—; de hecho, a menudo perjudican y hacen que la gente se enfade y obstine...

Varias mamás hemos vivido el hecho de que, cuanto más decimos a los niños que se sienten bien a la mesa, menos lo hacen. Hasta que por fin agotan nuestra paciencia y llega el castigo. Al respecto, dice Leach que muchos padres adoptan el principio de "más vale no decirle nada al niño" y dejan que los pequeños se las arreglen solos hasta que su mala conducta exija atención; entonces es cuando se aplican los castigos.

En largas conversaciones con verdaderas profesionales del hogar y la crianza de los niños me he topado con diferentes tipos de madres. Están aquellas que permiten a sus hijos hacer de todo mientras ellas platican por teléfono y, al mismo tiempo, sin inmutarse siquiera, pueden estar viendo a sus hijos prácticamente destruir el hogar. Éste es un ejemplo extremo, desde luego, pero ilustra con claridad a los padres de familia que desconocemos la forma de establecer los límites que los niños necesitan para tener un desarrollo adecuado.

Muchos padres complacientes que buscan cumplir todos los deseos de sus pequeños para evitarles frustraciones creen que sus hijos lo tienen todo y no comprenden su comportamiento. "¿En qué fallamos?", se preguntan al ver conductas negativas en los niños. Se trata de criaturas que no están satisfechas con lo que tienen, siempre piden más y retan permanentemente a la autoridad. De acuerdo con los especialistas, el problema con estos niños es que ignoran qué son los límites, ya que sus padres no se atreven a establecerlos. Asimismo, se preguntan, "¿por qué los adultos tienen que llegar al enojo con los menores?", con lo que se desata una guerra de voluntades.

*Castigamos a los niños que no tienen suficiente edad para distinguir entre lo que está bien hecho y lo que está mal hecho, pero nunca castigamos a los padres que tienen suficiente edad para distinguirlo y no lo hacen.*

ANÓNIMO

Los niños necesitan ciertos límites para tener seguridad en la vida. Los padres debemos entender, sin culpas ni miedos, que aquéllos son vitales para el niño porque le permiten saber lo que se espera de él y hasta dónde puede realizar ciertas acciones. Si el pequeño no encuentra ningún freno en el camino se confundirá mucho porque creerá que tiene más poder y fuerza que los adultos.

Un niño que nunca ha conocido los límites en casa difícilmente los aceptará fuera de ella. Tarde o temprano se convertirá en una persona hostil, egoísta y agresiva con sus padres, e irrespetuosa con los demás.

## Los límites: necesarios, firmes y constantes

Los límites, simple y llanamente, son las reglas que permiten al niño adaptarse a la vida familiar y social. Son, digámoslo así, señales que le indican lo que debe y no debe hacer. Son también la base del orden y constituyen una especie de mapa que el menor ha de seguir a través de la vida.

## Cómo deben ser las reglas

Facilitémonos la vida y hágamosle caso a nuestro sentido común. Respecto a las reglas que hay que establecer para la educación de nuestros hijos recordemos que:

▶ Deben ser razonables.

▶ Debemos estar seguros de poder notar si las reglas han sido violadas o están siendo cumplidas.

▶ Debemos describirlas en detalle.

▶ Deben tener un límite respecto al tiempo (después de comer, a las cuatro, antes de bañarte).

▶ Debe haber sansciones si se desobedecen.

Al conocer sus propios límites, el niño va comprendiendo la importancia de su seguridad física y la de los demás. Asimismo, va asimilando el significado de valores como el orden, la limpieza, el respeto a sí mismo y a los otros. También aprende cuáles son las llaves de la disciplina, la fuerza de voluntad, el amor y, finalmente, la libertad.

Daniela Canovas, psicoanalista explica en su artículo " Para educar a ser felices":

El pequeño es un ser humano desvalido que depende por completo de los cuidados que le den los adultos y de las costumbres de crianza que se consideren como adecuadas en su grupo social. Lo ideal es que el mismo medio favorezca en el niño el desarrollo de una confianza básica. Esto significa que sienta el mundo como un lugar estructurado, en donde están definidos con claridad los valores, los papeles de los adultos, los límites de cada uno y el comportamiento que se espera del niño según sus características personales, su edad y su sexo.

Muchas personas consideran que la inexperiencia de los padres es la causa de tener niños que desconozcan o no acepten los límites. Sin embargo, especialistas en terapia familiar han descubierto que la culpa, el miedo a frustrar al niño y la sensación de que al imponerle las cosas la criatura se sentirá mal, son las principales razones por las que muchos padres no ponen límites a los chicos.

No obstante, debemos aceptar que las reglas son un aspecto fundamental en la formación de la identidad del niño. Pedro Vázquez, terapeuta especialista en psicomotricidad, afirma:

Es importante que desde que son bebés se les enseñe a tolerar los límites, aceptarlos y asumir la dosis de frustración producida por éstos. Los límites son necesarios desde el nacimiento, porque permiten al niño empezar a formar su identidad y a reconocerse como alguien independiente de la madre.

Mostrarles los límites no sólo significa ayudarlos a aprender las reglas de la sociedad en la que viven, es, sobre todo, una obligación que tenemos como padres de familia para ayudar a nuestros hijos a vivir sanamente, lejos de peligros y con hábitos que les permitan crecer sanos física y emocionalmente.

> Los límites permiten que el niño distinga entre lo que puede y no puede hacer, y si no se le enseñan de manera firme y constante se confunde

Los expertos en el desarrollo infantil afirman que los padres deben comprender que la personalidad del niño es inmadura y que no es posible confiarle el control de sus impulsos. Deben entender y, sobre todo, aceptar que la orientación y adaptación del niño a la realidad externa apenas empieza, por lo que el infante siente una genuina necesidad de apoyo externo para encarar la vida y aceptarse a sí mismo como un ser indefenso.

María Luisa Jiménez, madre de Rodrigo y Andrés, de nueve y 12 años de edad, cuenta lo difícil que es para ella enfrentarse cotidianamente al reto de los límites.

*La disciplina sensata y justa —por ejemplo, el establecer horarios y rutinas cotidianas para actividades como el baño, el juego, la alimentación y el sueño—, es un gran apoyo para el desarrollo neurológico, la inteligencia y la fortaleza emocional del niño.*

CANOVAS

"Andrés pelea mucho y todo lo consigue mediante el llanto", dice. "Me canso de exigirle que pida las cosas de otra forma, pero son de tal magnitud sus berrinches que a veces prefiero dejarlo hacer lo que quiera; sin embargo, no doy concesión alguna respecto a lo que pueda causarle un daño físico. Un día, en medio de un berrinche, empezó a golpearse la cabeza contra la pared; en ese momento me di cuenta que debía poner un alto. Me acerqué a él, lo agarré de los hombros y le advertí que dejara de hacer eso, que no permitiría que se hiciera daño. Le sugerí golpear una almohada y funcionó; el niño sintió que yo era firme a tal grado que sucumbió ante el enojo".

Yara Brom, psicóloga infantil, asegura que la función de los límites tiene que ver principalmente con el cuidado que el niño tenga de su aspecto físico y desempeño social. Tan sencillo como que el pequeño no debe hacer nada que atente contra su integridad física y emocional. Poner límites es una de las tareas más difíciles de la crianza, pero los hijos se sienten más queridos cuando se han establecido límites de manera clara y hasta cierto punto razonable.

Los límites sirven para no dañarnos y aprender a vivir en sociedad. Los niños deben saber que no pueden andar por la vida pisoteando a los demás, porque si uno patea, habrá siempre una patada de regreso; o bien, puede suceder que otras personas no deseen acercarse a nosotros.

*La familia de la que provienes no es tan importante como la familia que vas a tener.*

RING LARDNER

Los especialistas en crianza infantil recomiendan que los padres nos relajemos, respiremos profundamente y asumamos que al poner límites no dañamos ni evitamos el buen desarrollo de nuestros hijos; al contrario, les enseñamos a afrontar las demandas del mundo en el que se desenvuelven.

Con los límites se busca alcanzar un equilibrio entre lo que uno quiere hacer, lo que se espera de los demás y las limitaciones de la sociedad.

Los niños necesitan tener un espacio de acción delimitado. Un niño sin límites se sentirá desprotegido y no amado, y en algún momento será castigado por los mismos adultos que debieron disciplinarlo durante su crecimiento, expone la pedagoga Ana Sol en su ensayo *La importancia de los límites*.

Claudia Corona nos narra su experiencia en este aspecto:

"Mi hija Marina, apenas con seis años de edad, me reta, me responde de mala manera y se rebela todo el tiempo. Cuando ya no puedo más y siento ganas de darle un par de nalgadas, inmediatamente viene a mi cabeza la imagen de un elefante y una hormiga. ¿Te imaginas las diferencias que hay entre ellos?

Un movimiento del elefante sería suficiente para acabar con la hormiga.

Los niños nos ven a los padres como seres inmensamente grandes, tal vez como ese insecto ve al animalón aquél, y con esa sola imagen mi enojo se esfuma como por arte de magia. Ya muy calmada, pido a la niña que vaya a su habitación a reflexionar —eso me lo enseñaron en la escuela Montessori donde asistió a los tres años de edad—, y cuando haya pensado, regrese conmigo a explicarme exactamente lo que no le gustó. Con los niños funciona mejor actuar que amenazar y de preferencia debemos hacerlo sin enojo. Pero esto, sinceramente, me cuesta mucho trabajo".

Todas las madres, en el fondo de nuestro corazón, estamos convencidas de que los niños aprenden mejor de las acciones que de las indicaciones verbales. El problema es que nos desgastamos en discursos, explicaciones, súplicas, amenazas que no funcionan. Actuar, lo que se dice actuar, difícilmente entra en nuestro repertorio. Yo, por ejemplo, me pregunto cada mañana qué debo hacer para no perder la calma con mis hijos y lograr que se vayan tranquilos a la escuela.

"Lo mejor sería levantar a los niños 10 minutos antes de la hora habitual, así ellos se desperezan y tú cuentas con tiempo extra", me sugiere siempre mi esposo. Lo he intentado, pero al momento de entrar en su recámara y ver el desparpajo con el que descansan, cierro la puerta nuevamente y pienso: "10 minutos más de sueño les caerían muy bien"; pero a las 6:40 de la mañana, cuando siguen acurrucados en las cobijas, ya estoy al borde de la locura porque hay que salir de la casa a las 7:20. Entonces comienza la función: "Lucía, apúrate", "Daniel, ya levántate", "mañana los levanto a las seis de la mañana, ¿eh?", "si no te apuras te quedas Daniel", "¿dónde están mis tenis, mamá?", "péinate rápido, Lucía", etcétera.

Tomar decisiones respecto a los límites que debemos poner a nuestros hijos no es cosa fácil, sobre todo cuando los recuerdos de cómo fuimos educados nos taladran la cabeza. De acuerdo con la doctora Brom, un aspecto importante del problema relacionado con los niños y los límites es la falta de reflexión previa por parte de los padres de familia sobre qué y para qué son los límites. Explica lo siguiente:

Esto se debe, en buena medida, a la propia historia de los papás, a las razones que nunca recibieron respecto a los límites y a la arbitrariedad con que éstos les fueron impuestos. Por eso, muchas veces los padres no imponen límites para evitar un sentimiento de venganza enmascarada hacia sus propios padres. He escuchado en mi consulta a papás que dicen: 'a mí me gusta tal límite impuesto por mis padres cuando era pequeño, así que lo voy a poner en práctica con mi hijo. Pero esta otra actitud me lastimó, por lo tanto, intento hacer otra cosa'. Estos padres usualmente se van al extremo sin una reflexión respecto a la utilidad de los límites. Saben qué es lo que no les gusta, pero no saben cómo cambiarlo.

Ofelia de la Fuente afirma que en estos tiempos a los hijos ya no hay que imponerles, sino más bien negociar con ellos. "Desafortunadamente así es hoy día, ya no es como antes cuando los padres eran la autoridad y decidían todo sobre su hijo. Hoy ya no puede ser así. Los límites provocan una lucha constante, pero ayudan a los niños a ser más responsables. Ellos mismos piden límites, pero no podemos imponérselos de acuerdo con nuestro estado de ánimo ni de la misma forma en la que son impuestos a otros niños".

En su célebre libro *¡Porque lo mando yo!*, John K. Rosemond asegura que el sentimiento de culpa es una de las razones por la que los padres ceden ante las pataletas y berrinches del niño; sin embargo, es importante convencerse de que los límites no son frenos ni las pataletas son señales de desdicha infantil.

Como padres, expone Rosemond, debemos criar a nuestros hijos de manera congruente con la realidad a la que tendrán que enfrentarse tarde o temprano. "Indiscutiblemente, la realidad del mundo de los adultos comprende una cantidad muy significativa de frustración; la experimentamos no sólo como respuesta a nuestras propias limitaciones, sino también como consecuencia de las impuestas por otras personas y circunstancias".

*Fijar reglas, establecer las consecuencias por violarlas y utilizar una disciplina firme son los puntos fundamentales para resolver la mayoría de los problemas que tienen los padres con sus hijos.*

CLEMES Y BEAN

En efecto, nadie puede andar por la vida "brincándose las trancas" ya que nuestra libertad termina justo donde empiezan los derechos de las demás personas. Los niños deben aprender a vivir en una familia, la cual forma parte de un grupo social que, para bien o para mal, es un enorme muro de contención. Por ello y de acuerdo con los patrones de conducta y los valores de su familia, tendrán que asumir que todo en la vida tiene límites.

El doctor Arturo Mendizábal asegura que la cantidad de límites impuestos al pequeño debe decidirlo la familia y nadie más que ésta.

No debemos olvidar que la función de los límites es ayudar al niño a diferenciar entre realidad y fantasía, pero es igualmente importante comprender que cada familia tiene su propio código y el niño asumirá que los límites son correctos y suficientes en la medida en que se ajusten a ese código.

¿Por qué las madres esperamos que nuestros hijos se comporten o actúen igual que los otros niños de su edad? Porque creemos que a todos los pequeños deben aplicarse los mismos límites. Pero hay límites necesarios para una niña que no se aplican en el caso de otra pequeña. No hay que perder de vista que cada familia tiene su propia estructura y sus propios límites; por eso, lo que funciona para un niño puede no funcionar para otro.

"En casa, la regla es dormirse a las 8:30 de la noche tengan o no sueño mis hijos", afirma Norma Romero, mamá de Laura y María del Mar, de siete y nueve años de edad.

Carmen Flores no considera adecuado que Ernesto, su hijo de 10 años, se acueste antes de las 9:30 de la noche. "A esa edad se puede ser un tanto más flexible con los horarios; además me gusta mucho que el niño lea un rato o platique conmigo antes de dormir".

Firmeza y constancia son las palabras mágicas para que un límite funcione. Los niños, recomiendan los expertos, deben saber que la respuesta de sus padres a determinada acción siempre será la misma; si no sucede así, los chicos se descontrolan y empiezan a sentir gran inseguridad. Por eso es importante que cuando digamos no a algo, ésa sea siempre la misma respuesta para ese tema.

Para que una regla sea eficaz debe aplicarse siempre de la misma manera; de lo contrario, pierde su eficacia. Si a un niño se le prohíbe ver la televisión antes de hacer la tarea y siempre se ha aplicado esa norma, el chico no intentará siquiera encenderla porque sabe que mamá estará lista para apagarla.

Para los niños es importante saber que sus padres somos capaces de transmitir y controlar los límites con seguridad y firmeza. "Todo niño desea tener padres predecibles, dignos de confianza y que también toman en serio las normas acordadas", explican Nitsch y Von Scheling.

Casi todos hemos caído en el juego del antiautoritarismo y la amistad con nuestros hijos. ¿Quién no ha escuchado la trillada

Según afirman psiquiatras y psicólogos infantiles, las situaciones en las que la madre debe repetir al niño las órdenes más de dos veces, son causadas por la excesiva tolerancia y el miedo de los padres a poner un límite

frase "yo quiero ser amigo de mis hijos"? Todo esto se oye bien, incluso tengo amigas cuyos hijos las llaman por su nombre en lugar de decirles *mamá*. Pero este extremo en el que hemos caído al tratar de alejarnos de la manera en que fuimos educados tampoco ha demostrado sus bondades y nos ha orillado a pensar que "los niños vienen tremendamente rebeldes".

Las psicólogas germanas citadas afirman que en la actualidad los padres no quieren prohibir nada a sus hijos para que se conviertan en personas libres e independientes. Estos padres desean tener una relación de camaradería, y de ningún modo desean decidir ni dar órdenes con frecuencia. Lo que sucede es que no se atreven a tomar partido y transfieren a sus hijos una responsabilidad excesiva.

Yo misma me siento aludida con la reflexión anterior y si bien mis hijos no me llaman *María*, sino *mamá*, pongo en sus manos una serie de decisiones que, pensándolo bien, no deben depender de ellos.

"Lucía, ¿en qué restaurante te gustaría comer el sábado?"

"¿Qué quieres cenar hoy, Daniel?"

El niño me contesta: "unas crepas".

Le devuelvo la pregunta: "¿crepas?, no inventes Daniel, me da un poco de flojera hacerlas".

"Entonces, ¿para qué me preguntas, mamá? Dame lo que quieras".

¿Quién es el adulto? Yo. ¿Quién sabe lo que hay para cenar? Yo. ¿Conocerá Lucía, a sus nueve años, suficientes lugares como para decidir a dónde ir a comer el sábado? No lo creo. ¿Por qué les pregunto tanto su opinión o los dejo decidir? Por respeto y por miedo. Pero por un respeto mal entendido. Creo que si les doy de cenar lo que yo decida atento contra su capacidad de decisión. "¡Qué exagerada!", pensarán muchos. Sin embargo, esto no sólo me sucede a mí; de todas las madres con las que conversé al escribir este libro, más de la mitad padece de lo mismo.

Ruthann Saphier, educadora de padres y autora de *Consejos para mamás y papás exhaustos* (*Parenting Tips for the Strung Out Mom and Dad – A Tool Kit*). Señala:

> Hasta que los jóvenes puedan depender de sí mismos para tomar las decisiones apropiadas, nosotros debemos estar seguros de que pueden depender de nosotros, los adultos sabios, para crear y reforzar estructuras y límites en sus vidas. Digámosle lo que queremos decirle, firme y con cariño, y consistentemente hagamos lo que decimos.

"Tengo muy claro que debo poner pocos límites a mis hijas y, de preferencia, acordes con su edad y las propias normas de convivencia familiar, pero soy muy ansiosa y a veces quiero que hagan 10 cosas a la vez. Incluso la propia Ceci, mi hija de nueve años, me lo ha hecho notar: 'Mami, ¿qué hago primero de todo lo que quieres que haga?' Me enfada cuando no pueden seguir mi ritmo. Quiero que todo lo hagan a la velocidad de la luz", expone Guadalupe García, madre de Cecilia y Fernanda, de nueve y 13 años.

"No te imaginas lo difícil que ha sido aprender a pedirles lo que quiero que hagan. En lugar de decirles que había llegado la hora de bañarse, les preguntaba si querían bañarse. Asimismo, cuando llegaba el momento de comer, no les decía 'vengan a comer', sino si ya querían comer. La verdad es que intentaba ser amable con ellas, hasta que entendí que les estaba dando la oportunidad de hacer lo contrario de lo que yo quería y responderme con una negativa. Cambié la estrategia y ahora me ahorro muchos pleitos; ya no pregunto, doy instrucciones: 'Niñas, a comer', 'llegó la hora de dormir'".

*Una mamá que da más de una instrucción a la vez es una madre desesperada. Quien va a poner un límite no tiene por qué gritar ni desesperarse, no tiene por qué perder la cordura. Quien pone seis o 15 límites al mismo tiempo está muy agobiado.*

Mendizábal

Elaine St. James, autora del libro *Simplifica tu vida con los niños. 100 maneras de hacer más fácil y divertida la vida familiar*, explica que los padres de familia quieren facilitar sus vidas para tener más tiempo y dedicarlo a sus hijos; no obstante, con frecuencia, lo que hubiera podido ser un rato tranquilo y placentero juntos, termina en conflicto. Esto se debe a que los padres ofrecen demasiadas opciones a los niños y eso causa problemas. Los pequeños todavía no saben sopesar sus opciones y tomar la mejor decisión por sí mismos.

Y más que eso, los niños nunca nos van a contestar lo que esperamos que nos contesten.

"Lucía, ¿qué te gustaría hacer hoy?", pregunté a mi hija. "Ir a Disneylandia, mami", me respondió.

Tan inadecuada fue la respuesta como la pregunta. Y aunque yo di pie para que mi hija me contestara eso, finalmente es lo que más le hubiera gustado hacer en ese momento.

## Preguntas

Como padres de familia, alguna vez nos hemos preguntado:

1. ¿Cómo reaccionamos cuando nuestros hijos hacen algo con lo que no estamos de acuerdo?
2. ¿Tenemos claros los límites que debemos establecer para el desarrollo sano de nuestros hijos?
3. ¿Culpamos y acusamos a nuestros hijos cuando hacen algo que no queremos que hagan?
4. Cuando los chicos no nos hacen caso, ¿desatamos una guerra de voluntades con ellos?
5. ¿Tenemos claro el concepto de firmeza?
6. ¿Vale la pena la gran cantidad de límites que ponemos a los niños?

# Capítulo dos

## La costumbre de decir *no*

"Niño, *no* hagas eso; *no* te subas ahí; *no* molestes; *no* agarres eso; te dije que *no*" y la lista continúa.

¿Alguna vez nos hemos puesto a pensar en el número de veces que decimos *no* a nuestros hijos en el transcurso de un solo día? Muchas, ¿verdad? Incluso hay mamás que espetan el *no* antes que el niño acabe de hacer su petición. Yo, por cierto, soy una de ellas: de manera automática niego a Daniel y a Lucía prácticamente todo lo que me piden. La mayoría de las veces pude evitar el monosílabo, pero el tedio (todas las tardes los mismos pleitos por las mismas cosas), la necedad infantil (mamá, por favor, dime que sí, por favor, qué te cuesta) y el don de la inoportunidad que tienen los niños (generalmente me piden cualquier cantidad cosas mientras hablo por teléfono) es lo que me ha orillado a hacer del *no* una de las palabras más empleadas en la relación con mis hijos. Creo que el decir *no* es un asunto de comodidad. Me resulta más fácil usarlo que reflexionar sobre lo que me piden y si no voy a acceder a sus peticiones, al menos podría ofrecerles opciones.

Imaginen este diálogo con Lucía, mi hija:

—Mami, puedo...?

—No, Lucía, no.

—Ni siquiera sabes lo que quiero pedirte.

—No, pero seguramente me vas a pedir algo que bien sabes que te voy a negar.

—Te iba a preguntar si puedo tomar los colores de mi hermano porque olvidé los míos en la escuela.

—Ah, era eso.

—Pues sí, pero tú siempre me dices que no sin escuchar lo que quiero.

Esta conversación entre Lucía y yo ocurrió un jueves por la tarde. Y me dejó pensando: "¿por qué siempre digo que *no* sin siquiera escuchar?"

"Mamá, antes de que me digas que no, escucha por favor. ¿Me puedes comprar unos plumones?".

Esta petición, posterior al "no digas que no sin oírme", me la hizo Daniel, mi hijo.

Para ellos francamente debe ser difícil tener una madre que por principio dice *no*. Mi esposo me ha pedido una y mil veces hacer el ejercicio de contestarles que *sí* porque todo funcionaría mejor.

En efecto, a veces así lo he hecho y entonces todo ha fluido sin dificultad. Principalmente porque en el caso de mis hijos sus peticiones son muy simples: "¿puedo comer un caramelo?, ¿me compras un libro?, ¿me puedo dormir 10 minutos más tarde?". Por otra parte, ellos, al ser escuchados, se sienten mucho mejor.

*Los niños necesitan más de modelos que críticos.*

JOSEPH JOUBERT

"Evidentemente, al ser padre, debemos dictar muchos detalles de la vida cotidiana de nuestro hijo, negarnos a las exigencias o solicitudes inapropiadas, hacer que todo marche como es debido imponiendo un alto en determinadas acciones y sugiriendo el comienzo de otras. Pero tengamos en cuenta también lo que debe significar para el niño oír *no* con tanta frecuencia. Si estuviéramos en su lugar, nos sentiríamos frustrados e irritados. Podemos abrir el refrigerador y beber un poco de jugo cuando nos venga la gana; el niño *no*", expone la consejera familiar Virginia K. Stowe en su libro *Educar niños felices y obedientes con disciplina positiva. Estrategias para una paternidad responsable.*

El permanente *no* en la boca de los padres tiene que ver con la forma en que nos educaron. Precisamente, para evitar la llegada en automático de esos momentos en que negamos todo a nuestros hijos debemos reflexionar.

La doctora Yara Brom afirma que convendría plantearse estrategias externas de ayuda. Tal vez pedir al niño que si le decimos que *no* antes de que haya terminado su petición nos lo haga notar. Ésta es una buena forma de estar muy alertas frente a los *no* automáticos.

"Mis padres me decían que *no* sólo cuando estaban convencidos de su negativa. Yo, por ejemplo, sabía que dormir fuera de casa era algo que jamás me permitirían, por lo que aprendí a no solicitarles ese permiso. Hoy con mis hijos, por repetición a una regla bajo la que viví, no les doy permiso. Claro, ellos no se cansan de pedirme permiso para pasar la noche en casa de algún amigo y he llegado a la conclusión de que insisten porque en muchos otros casos he cambiado el *no* inicial por un *sí*. Me ha faltado consistencia en ese sentido", comenta Andrea Celis, mamá de Diego, de 14 años, Ana Paula, de 12, y Andrea, de nueve.

Ofelia de la Fuente coincide y afirma que a los padres de hoy nos ha faltado congruencia y decimos que *no*, pero enseguida el niño hace algo que nos conmueve y cambiamos a un *sí*.

Debido a esto, la doctora Brom insiste en que una de las tareas más importantes para los padres de familia consiste en reflexionar sobre los límites y el empleo del *no* ante cualquier situación.

*El arte más difícil, y al mismo tiempo más útil, es el de saber educar.*

NICOLO PERSICHETTI

Imaginemos por un momento que llega un buen amigo a nuestra casa y nos pide le sirvamos una taza con café. Jamás le contestaríamos que *no* y en el supuesto caso de que no hubiera café, le ofreceríamos un vaso con agua o una taza con té. ¿Por qué no podemos hacer lo mismo con nuestros hijos? Ofrecerles opciones y dejar de negarles todo lo que piden. Los expertos dicen que si hemos sido firmes en cuanto a los límites, podremos desechar de nuestro vocabulario cotidiano la palabra *no*.

Otra opción, señala Elaine St. James, es intentar decir siempre *sí* a las peticiones de nuestros hijos. Parece imposible, pero el truco consiste en ofrecer un *sí* condicional. Por ejemplo: el niño nos pide una galleta, le decimos que *sí* se la daremos cuando termine de cenar. O tal vez nos pide una bicicleta, le decimos que *sí* siempre que comience a ahorrar dinero e incluso, lo acompañaremos a comprarla.

{ El tedio, la necedad infantil y el don de la inoportunidad que tienen los niños es lo que orilla generalmente a los padres a responder con un *no* inmediato }

"La idea es volver la ventaja de la situación a favor del adulto. Decir *sí* lleva al diálogo y *no* a la discusión. Debemos hablar con ellos acerca de cómo pueden obtener lo que quieren y cuánto tiempo han de esperar para conseguirlo. Asimismo, cuando los padres decimos que *sí*, a los chicos les cuesta más trabajo discutir. Sin embargo, los niños deben aprender a aceptar un *no* como respuesta, por lo que debemos asegurarnos de que ésa es la desición adecuada y que no habrá vuelta atrás", expone.

## No es no

Uno de los aspectos más importantes acerca de los límites que ponemos a los niños es la constancia. Es decir, si al niño se le dijo que *no*, pues entonces que sea *no*. Por eso es importante que reflexionemos sobre lo que se le va a prohibir al pequeño.

Como padres tenemos la obligación de poner límites y decir con firmeza: "puedes ver televisión, pero sólo una hora al día porque más tiempo interfiere con tu tarea". Así estamos expresando claramente un límite y éste debe cumplirse. Si siempre hemos sido firmes respecto a esto, los *no* resultarán innecesarios.

Tenemos que ser concientes que cambiamos de parecer en un abrir y cerrar de ojos.

"Mira, cuando digo que *no* a Laura es *no*, pero veo que las mamás de ahora dicen *no* y después sienten una especie de remordimiento y terminan diciendo *sí*. Eso confunde mucho a los niños; entonces le toman la medida a la mamá y aprenden que con 20 minutos de insistencia ella acabará cediendo", afirma Laura Romero, abuela de Laura, de 11 años de edad, quien se ha encargado del cuidado de la niña desde que nació.

Una de las situaciones más difíciles que debemos encarar como padres es, precisamente, el uso del *no*, pues es una herramienta fundamental para la madurez y el aprendizaje del niño, a pesar del disgusto que podamos causarle y de las consecuencias que debe enfrentar al rebasar los límites.

Nuestros hijos esperan que seamos maduros y fuertes. No necesitamos ser amigos del niño, necesitamos ser sus padres; unos padres firmes y amorosos. Esto les da una sensación de mayor seguridad y evita la frustración y el enojo, expone Sandra Barros, mamá de cuatro adolescentes y experta en psicopedagogía infantil.

## Cómo manejar la frustración del niño

"Un buen abrazo ayuda a los niños a tolerar la frustración", afirma Claudia Ramos, madre adoptiva de Santiago y Marisol.

Ileana Chávez es madre de Mario, de nueve años, y recomienda las siguientes tácticas que le han funcionado para manejar la frustración del chico: "He comprobado que para el niño es menos frustrante decirle 'eso está fuera de los límites establecidos', en lugar de *no*. Asimismo, cuando tengo que decirle que *no*, le propongo dos opciones. Si quiere que le compre algún disco de Nintendo le propongo rentarlo —es más económico— o bien, usar los juegos que tiene para la computadora".

Para cualquier persona adulta y razonable un *no* genera mucha frustración, con la diferencia de que no todos nos emberrinchamos y tiramos al piso a hacer una pataleta como los niños. Recuerdo uno de los ataques de frustración más fuertes que me han dado, fue cuando me dijeron que no había sido aceptada en un empleo. Se trató de un duro golpe para mi autoestima, pero me hizo reflexionar e incluso crecer.

*La sabiduría consiste en saber qué hacer en cada momento, la habilidad consiste en saber cómo se hace y la virtud consiste en hacerlo.*

DAVID JORDAN

Si a los adultos nos afecta que algo no salga como queremos, imaginemos lo que sucede internamente a un niño en la misma situación. Si algo enseña la vida es que debemos ponernos "en los zapatos del otro", en este caso, en los del pequeño.

En su libro *Narciso, la máscara y el espejo. Estudio del carácter humano*, el doctor José Rubio, médico psiquiatra, habla de la importancia de la frustración en la formación del carácter del niño. Ésta es vivida por el pequeño en dos niveles: uno psicológico y el otro fisiológico. Cuando un niño ve satisfechas todas sus expectativas no halla otra forma de gratificación más que la ya conocida, pero cuando vive la frustración de la demora o de algo que no ha sido satisfecho se ve obligado a abrir su sistema de experiencias y busca diversas posibilidades de solución. Por ello el estímulo de la frustración favorece la organización y el perfeccionamiento del sistema nervioso.

Rubio señala que la sobreprotección consiste, por un lado, en dar satisfacción a las necesidades del bebé en el momento en que éste las manifiesta e incluso antes de presentarse y, a su vez, impide el ejercicio de funciones acordes con la madurez neurológica o psicomotora del niño.

Si está médicamente probado que una dosis de frustración es importante para el desarrollo del niño, entonces ¿por qué tenemos tanto miedo de que nuestros hijos la enfrenten?

En opinión experta: ...la sobreprotección consiste,
por un lado, en dar satisfacción a las necesidades
del bebé en el momento en que éste las
manifiesta e incluso antes de presentarse y, a su
vez, impide el ejercicio de funciones acordes con
la madurez neurológica o psicomotora del niño

Marcela Quijano es una mujer a quien considero una auténtica madre audaz: deja que sus dos hijos, Pablo, de 11 años, y María, de nueve, hagan frente a las consecuencias de lo que hacen. Yo, por ejemplo, no lo permito casi nunca. Es más, sufro ataques de pánico sólo de pensarlo. Cuenta que lo mejor, como le decían sus padres, es dejar que los niños aprendan "a la mala".

"Recuerdo que un día pregunté a un psicólogo qué podía hacer para que mi hijo Pablo dejara que lo peinara en las mañanas. Él tenía seis años de edad y ésa era nuestra batalla cotidiana. El especialista me preguntó: '¿qué pasaría si no va peinado a la escuela?'. Respondí que se vería horrible, además de que sería la comidilla de sus compañeros. 'Déjelo', me aconsejó, 'déjelo peinarse o que se vaya sin peinar a la escuela y no discuta más por eso'. Un día así lo hice y no pasó nada. A los tres días la directora del preescolar lo llamó a la dirección y lo puso frente a un peine y un espejo. 'Te ves mucho más guapo peinado', le dijo. Ése fue el remedio. Nunca más peleamos por eso. Nuestro pleito ahora es el tiempo que le lleva peinarse: puede estar más de 10 minutos relamiéndose el pelo", cuenta esta mamá.

Esta situación se dio con mi hija: "Lucía, termina de una vez la tarea. El domingo por la noche vas a estar de mal humor haciendo las páginas que te faltan".

"No, mamá", me dijo, "yo sé calcular mi tiempo".

Llegó el domingo y a las ocho de la noche la niña estaba cansadísima y muy malhumorada. Francamente se me partió el corazón al verla y terminé coloreándole un mapa y rellenando hojas con letra *script*. Por supuesto, la lección que la niña aprendió es que tiene una madre que todo le resuelve.

*La verdadera empatía exige que escuchemos los sentimientos y pensamientos de nuestros hijos sin necesidad de cambiarlos.*

BECKY BAILEY

"Los padres estamos obligados a criar a los hijos de una manera congruente con la realidad a la que han de enfrentarse tarde o temprano. Mediante nuestra experiencia con la frustración vamos desarrollando la capacidad para tolerarla, aceptar que es inevitable y no dejarnos hundir por ella. Las personas que aprenden a tolerar la frustración acaban por tomarla como un reto frente a la adversidad y a perseverar en la obtención de sus metas", expone el doctor John K. Rosemond.

"Uno de los temores más grandes de las madres cuando alguno de sus hijos se siente frustrado es que el chico la deje de querer", expone el psicoterapeuta familiar Alejandro Zubieta, quien narra el siguiente caso:

Los adultos deberíamos dejar de tener miedo al enojo o a las reacciones de los niños. Tengo el caso de una mamá que después de mucho trabajar contra el pavor que sentía ante el hecho de que sus hijos la dejaran de amar por considerarla injusta, autoritaria, regañona, etcétera, se armó de paciencia y enfrentó una rabieta de su hijo Mauricio en un conocido centro comercial.

El niño decidió que quería un helado justo cuando iban rumbo al auto. La madre le dijo que no y más tardó en decirlo que el niño en tirarse al suelo furibundo, a llorar y gritar. Cualquier padre de familia puede imaginar lo embarazoso de la situación: pasaban los desconocidos y comentaban "qué le pasa a esta criatura," "qué desalmada madre que no le hace caso", "ve a la madre ahí parada, sólo viendo sin hacer nada"; o los padres que han vivido lo mismo y voltearon a verla con una sonrisa que expresaba que ellos también han sido víctimas de situaciones similares.

El caso es que la señora se agachó y dijo al pequeño: "Mauri, sé que estás muy enojado y sientes una gran frustración, la heladería queda del otro lado y tenemos que irnos ya. Espero a que te calmes y te pongas de pie".

El niño, por supuesto, continuó con el alboroto mientras su madre respiraba profundamente, lo observaba fijamente y se hacía la desentendida de las miradas ajenas. Insistió en que se levantara y al llegar a casa le prepararía una rica malteada. El niño al ver la firmeza y serenidad de la madre no tuvo más opción que levantarse. La madre lo tomó por el hombro con cariño y le dijo: "ya verás lo rápido que llegamos a casa". El niño se puso de pie aún enojado pero resignado.

Comento esto porque es un buen ejemplo de que al quitar o negar algo a nuestro hijo conviene ofrecerle algunas opciones. Pero sólo seremos capaces de actuar como lo hizo mi paciente cuando dejemos de sentir miedo ante la frustración del niño.

Se dice fácil, pero ¿cuántas de nosotras no hemos claudicado frente a la petición del niño, justo para evitar un berrinche tipo supermercado o centro comercial?

## Preguntas

Tal vez convendría reflexionar sobre algún sustituto para dejar de decir *no* a nuestros hijos. Preguntémonos:

1. ¿Somos de los padres que amenazamos nada más o de los que cumplen sus amenazas?
2. ¿Cuando decimos a nuestros hijos *no*, realmente es no?
3. ¿Cuántas veces al día decimos *no* a nuestros hijos?
4. ¿Verdaderamente escuchamos sus peticiones?
5. ¿Tenemos claros nuestros sentimientos cuando ponemos límites a nuestros hijos?
6. Cuando regañamos a los niños, ¿actuamos de acuerdo a la situación real o más bien nuestra reacción depende de nuestro estado de ánimo?

# Capítulo tres

## Firmes
## hasta el final

Todos estamos de acuerdo en no permitir todo a los niños, y en realidad a nadie. No obstante, lo que decimos y pedimos no produce el efecto esperado. ¿Por qué?

Prácticamente todas las madres con las que conversé sobre los límites coinciden en que exigimos más de lo que un niño es capaz de dar y respetar. Sin embargo, también estuvimos de acuerdo en que si bien muchas veces los niños no los tienen en cuenta, los límites dan seguridad y protección: si el niño es más fuerte que los padres, no se podrá sentir protegido por ellos.

Los límites permiten predecir la reacción de los padres ante determinadas situaciones y comportamientos. Asimismo, ayudan al niño a tener claros determinados criterios sobre las cosas.

El doctor Arturo Mendizábal afirma que si no se muestra al niño un límite firme y constante, se confunde. Incluso muchos de sus pacientes, casi todos niños, consideran que no siempre comportarse de manera inapropiada es causa de problemas. Un pequeño de ocho años, a quien el doctor Mendizábal preguntó si sabía qué hacer para llamar la atención de sus padres, le dijo: "Te paras enfrente de la televisión y la apagas". "¿Ah, sí?, ¿y qué te hacen?", preguntó el doctor. "Depende", contestó el niño, "si están viendo determinado programa me hacen una cosa; si están viendo otro me hacen otra. Si están de buen humor tienen una reacción y si están de malas entonces puede que hasta me peguen".

El paidopsiquiatra afirma que esto confunde mucho a los niños. Es importante que el pequeño sepa cuál será la reacción de sus padres. "El niño tiene que saber 'si saco malas notas la reacción de mis padres será ésta'; si no lo sabe le ocasionamos mucha angustia. Los niños necesitan tener la garantía, la certeza de que la reacción va a ser la misma y así sentir mayor seguridad".

## ¿Por qué mis hijos no me hacen caso?

Reproduzco las palabras de María Inés Morales, madre de Mariana, de 12 años, y de Daniel, de nueve:

"Imagina la escena siguiente, me dijo David, mi marido. Llego a la oficina a recogerte. Tuviste una mañana muy pesada, hace mucho calor y hay un tráfico de los mil demonios. Subes al auto y al minuto de haberte saludado te bombardeo de instrucciones y preguntas: Inés, ¿dejaste la comida hecha?, ¿te fue bien en tu presentación? En cuanto lleguemos a casa pones la mesa, ¿no? ¿Estará listo mi traje que llevaste ayer a la tintorería? No olvides que el viernes vienen a cenar a casa Jesús y Dalia. Te fue mal y por eso vienes tan callada, ¿no es cierto? Le pregunté a qué venía todo eso y él me contestó: 'Ésa es tu relación conmigo y con los niños. Te dedicas a preguntar y a darnos instrucciones y por eso los niños no te obedecen. Les pides 75 cosas al mismo tiempo'".

María Inés, quien se caracteriza por su alto grado de perfeccionismo, me confesó que cuando el marido le dijo eso se sintió muy afligida porque reconoció que era cierto. Ella necesitaba tener todo bajo estricto control y por eso daba tal cantidad de instrucciones a sus hijos.

"Los niños ya saben cuál es la rutina y siempre la cumplen. Entonces podría evitarme tanta orden en tan poco tiempo", reconoce.

Muchos estudiosos de la psicología infantil afirman que a los padres les cuesta poner límites a sus hijos porque, a veces, no tienen suficiente energía —yo le llamaría humor— para pelear con ellos. Algunos tal vez trabajan todo el día y lo que menos quieren es llegar a casa a regañar, a limitar o dar órdenes. También hay padres inseguros que temen perder el cariño de los niños si les ponen reglas.

La clave para que los niños cumplan las reglas y se detengan frente a los límites estriba en que éstas sean muy claras, sencillas de comprender, pocas y firmes.

Es importante que el pequeño sepa cuál será la reacción de sus padres. Confundir a los hijos con diversas reacciones sobre las mismas acciones tan sólo complicará la comunicación e inhabilitará que el mensaje educativo sea efectivo

De acuerdo con Pilar Baptista, directora de Centros de Aprendizaje Future Kids de México, los padres debemos de establecer normas de comportamiento a los hijos, pero al hacerlo no debemos dañarlos psicológicamente, impidiendo el sano desarrollo de su autoestima. En el artículo "Autoestima y comunicación en el hogar", Baptista recomienda no hablarles de manera que les cause ira, ni disminuir su confianza en ellos mismos, ni hacer que pierdan la fe en su competencia y habilidad, ya que los niños aprenden lo que experimentan.

Entonces, ¿qué hacer?, ¿qué decir cuando es inevitable corregir el comportamiento, lograr que hagan la tarea, se levanten de la cama, ayuden en el hogar, se vistan, se pongan el suéter, no jueguen a la mitad de la calle y coman lo apropiado?

Los padres —dijo una vez un renombrado educador— ya sabemos las palabras adecuadas: son las mismas que decimos con los invitados y los extraños. Es un lenguaje que protege sentimientos y no critica la conducta.

*Instruir como se debe a la juventud es formar buenos ciudadanos y padres de familia.*

VIRGILIO

¿Qué diríamos a un invitado que olvidó su paraguas en nuestra casa? ¿Correríamos tras él y le gritaríamos furiosos: "oye, qué te pasa, tienes 40 años y cada vez que vienes haces lo mismo, cuándo aprenderás?, ¿por qué no eres tan responsable como tu hermano?" No, no, jamás. Sólo le diríamos: "oye, se te olvidó tu paraguas". Así, sencillamente, le daríamos información sin insultarlo. Los niños merecen exactamente lo mismo.

Además de poner reglas sin miedo a la reacción del niño, es indispensable que la pareja —cuando hay padre y madre en casa— esté de acuerdo en cuántas, cuáles y para qué. No se trata de que el hombre y la mujer tengan que pensar siempre lo mismo y estar de acuerdo en todo; lo principal es que los padres no desprecien ni minimicen las ideas educativas del otro. Hay que evitar enfrentamientos a causa de los niños y unir siempre las fuerzas en una misma dirección.

En su libro *Cómo disciplinar a los niños sin sentirse culpables*, Harris Clemes y Reynold Bean afirman que una de las razones por la que los niños no obedecen las reglas impuestas por los padres es el desacuerdo que priva entre los cónyuges. "En tales condiciones, el niño tiene demasiado poder para tomar decisiones y manipular la conducta de los padres. Dicho poder no es bueno para el niño porque le produce una sensación de autoridad que no corresponde a la realidad. También le genera ansiedad y al no saber cómo enfrentarla, ésta se manifestará como una conducta desviada", explican.

En el terreno de los desacuerdos maritales respecto a la educación de los niños existen diversas clases de padres de familia. Estamos las madres que muchas veces somos incapaces de corregir al niño y lo amenazamos con un "vas a ver cuando llegue tu papá". Hay padres que parecen querer deslindarse de cualquier intervención en materia de límites y sanciones y dicen al niño: "ya sabes que se hace lo que tu madre manda. Ni modo, hijito".

También están los padres que mientras uno dice verde, el otro dice negro y han hecho de la educación de sus hijos un campo de batalla para manifestar sus diferencias. Ninguna de estas opciones parece mejor que las otras.

> La clave para que los niños cumplan las reglas y se detengan frente a los límites estriba en que éstas sean muy claras, sencillas de comprender, pocas y firmes

La madre de Abigaíl Campos, niña que, para su propia fortuna, cuenta con unos padres que siempre están de acuerdo respecto a su educación, señala haber visto a muchas madres amenazar con el tradicional "vas a ver cuando llegue tu padre" como si quisieran hacer un frente común contra el niño.

*Hay dos clases de personas que cometen errores: aquellas que no los admiten y quienes los reconocen y les llaman experiencias.*

ANÓNIMO

Sandra Terán se opone a que su marido le deje toda la responsabilidad de la formación de los niños: "No me gusta que Luis Felipe sólo señale: niños, lo que diga su mamá. Claro, yo aparezco como la bruja del cuento, la que siempre castiga, la que grita y pone límites y creo que la educación es un compromiso de los dos".

Marisa Villalón se queja de la falta de apoyo por parte de su marido. Comenta que, aunque en los valores fundamentales que transmiten a sus hijos siempre están de acuerdo, es en cuestiones de la vida práctica en las que no logran llegar a consensos.

"Por ejemplo, si yo digo a Leonel, mi hijo, que no comió bien, mi marido entra y le dice: 'muy bien, campeón, comiste muy bien'".

Todas las situaciones extremas perjudican el crecimiento y desarrollo del niño, y esto incluye el hecho de establecer límites o normas demasiado estrictos o excesivos en cuanto a cantidad; también el no imponer ningún tipo de cotas de comportamiento. La consecuencia de cualquiera de estas actitudes resultará en un niño que considera que nada es suficiente, cuyas exigencias son cada vez más elevadas y que reacciona de forma indeseable ante las negativas.

## Cómo tener hijos felices y seguros

Para que nuestros hijos se sientan felices y seguros es aconsejable realizar lo siguiente:

▶ No establezcamos más de tres límites al día.

▶ Actuemos con firmeza cuando las reglas no sean cumplidas.

▶ Hagamos entender al niño que, por su propio beneficio, debe cumplir las reglas impuestas.

▶ No perdamos los estribos frente al berrinche del menor. Es mejor salir de casa, alejarse de él. Este alejamiento hará reaccionar al niño y se dará cuenta de que su comportamiento no tuvo mayores consecuencias.

▶ Seamos firmes y actuemos con naturalidad.

▶ Usemos pocas palabras cuando expliquemos al chico lo que esperamos de él. Seamos concretos y precisos.

▶ Jamás mostremos al niño sentimientos de culpa o de miedo por su enojo.

▶ No nos preocupemos si el niño se siente contrariado. Un poco de frustración le ayudará a madurar emocionalmente.

▶ Tengamos siempre presente que las consecuencias de un límite no cumplido deben ser de acuerdo con la edad y los intereses del niño.

Los educadores aseguran que en el momento de marcar al niño los límites es importante que haya correspondencia entre el mensaje y la acción de los padres. Es decir, creer firmemente en lo que están haciendo y saber lo que esperan del menor, siempre en función de la edad de éste. Un bebé no entiende la palabra no, pero capta a la perfección las reacciones provocadas por su acción y percibe los mensajes corporales de los padres. Los niños no respetan reglas ni límites cuando reciben un mensaje poco convincente, señalan. Por ejemplo, cuando una madre dice al niño un no sin firmeza, el chico finge no escuchar.

Asimismo, es cierto que cuando pedimos al niño dejar de hacer algo que nos molesta y no estamos prestándole atención, nos desdeña olímpicamente.

Hace algún tiempo invité a mí mamá a comer a la casa y presenció el típico pleito madre-hijo. Ella siempre se involucra en estos enfrentamientos; recuerdo que después de un reclamo que hizo por mi falta de paciencia y tolerancia con Daniel y Lucía me recomendó que cuando fuera a reclamarles algo al menos me pusiera a su altura.

"Para que un regaño o la exigencia en el cumplimiento de una norma funcione es mejor agacharse, de manera que quedes a la altura del niño y lo mires a los ojos. Por lo menos te escucharán", me dijo.

Esto viene a colación porque muchas madres gritamos a los niños de un extremo de la casa al otro para que dejen de hacer lo que están haciendo o cesen de pelear. Si no nos ven, menos nos harán caso.

"Daniel, ya ponte a hacer la tarea y deja de perder el tiempo, ¿quieres?", increpé a mi hijo mayor mientras iba y venía de una habitación a otra guardando la ropa planchada.

"Mamá, primero fíjate bien en lo que estoy haciendo y después me regañas. Estoy haciendo la tarea".

Cierto, en mi afán de ser mujer orquesta al trabajar, atender niños, guardar la ropa y querer ser firme me he equivocado cientos de veces. Pido a los niños que se ocupen de la tarea justo cuando están sentados haciéndola; les grito que se laven los dientes precisamente cuando están en el enjuague bucal, y les ordeno apagar el televisor después de 15 minutos de que lo han hecho y se disponen a dormir.

"Eso te pasa por estar haciendo cuatro cosas distintas al mismo tiempo y una de ellas es estar con los niños", me dicen otras madres. Pero, a decir verdad, también a ellas les sucede. Y ni mis hijos ni los de ellas parecen escuchar.

Otra razón importante por la que los niños no nos hacen caso es por el tipo de reglas que les imponemos. Es importante establecer límites de acuerdo con la edad del niño. A un bebé que está en la etapa del gateo no se le debe limitar a explorar en un sólo sitio. Más bien se le debe ofrecer un lugar seguro y libre de objetos que pudieran lastimarlo. A un niño de ocho años no se le puede restringir el uso de la bicicleta, es mejor enseñarle los lugares donde sí puede andar en ella.

El remedio infalible para evitar tanto los berrinches como los constantes retos a la autoridad de los padres consiste en establecer un sistema que suponga pocos límites, pero claros y muy firmes. Los padres debemos estar de acuerdo con éstos y, una vez establecidos, deben ser inquebrantables. Ah, y es importante armarnos de paciencia.

## Seamos flexibles de vez en cuando

En su divertido libro *Cómo no educar un hijo perfecto*, la periodista inglesa Libby Purves expone que en la crianza infantil el amor es mejor que la justicia.

> Anular un castigo por amor no es, como algunos dirían, la receta segura para anular a un niño. Puede ser la mejor de las lecciones.
>
> No importa que el pequeño demonio haya escapado indemne después de hacer trizas el espejo del cuarto de baño, de romper un

libro nuevo o de llamarnos *idiota* 15 veces en una mañana. Si han tenido una pelea horrible tengamos la gracia a veces de ahogar los resentimientos con un abrazo y una risa; hasta de pedir disculpas por el nerviosismo. ¿De qué otra manera podemos hacer que un niño aprenda a hacer lo mismo?

Muchos padres todavía creen que si piden a su hijo una disculpa por haber cometido una falta o injusticia con ellos perderán su autoridad. Nada más lejano de la verdad, creo yo.

Recuerdo cuando Daniel era más pequeño, un día lo regañé injustamente, fui muy agresiva con él y le puse una reprimenda muy dolorosa. Tras pensarlo mucho, reconocí que me había excedido y que lo mejor sería reconocerlo frente al niño. Ya en su habitación le ofrecí una disculpa y le dije que estaba muy nerviosa, que las cosas en mi trabajo no marchaban bien y mi frustración me había impedido ser justa.

Al día siguiente, lo primero que hice fue preguntar a la psicóloga de la escuela y a una amiga, terapeuta infantil, si no había cometido un error al haber dado disculpas a mi pequeño. Ambas me dijeron que si realmente había sido dura e injusta con Daniel había hecho lo mejor. Respiré tranquila, aunque en el fondo no estaba muy segura de que así hubiera sido. Pertenezco a una generación a la que nuestros padres jamás hubieran dicho "lo siento" a sus hijos, y eso me tenía confundida.

Tengo un amigo a quien su madre dejó de hablarle definitivamente porque él nunca la llamaba o la visitaba. Ella todavía cree que somos los hijos quienes tenemos la obligación de llamar diariamente a casa de nuestros padres para preguntar cómo están. Ellos ni de broma hablarían a la nuestra para saber de nosotros, sus hijos, o de sus nietos.

¿Es realmente grave que nuestros hijos sepan que nosotros, sus padres, a veces nos equivocamos? Creo que no. Incluso personal-

> Es de elemental importancia que los padres crean firmemente en lo que están haciendo y que sepan también lo que esperan del menor, siempre en función de la edad de éste

mente siento quitarme una gran responsabilidad de encima cada vez que mis hijos notan que erré. Yo sí quiero que ellos sepan que a veces no tengo respuestas, no sé contestar a sus preguntas y que además soy capaz de ofrecer una disculpa si soy injusta con ellos. Estas situaciones nos brindan la oportunidad de reírnos juntos.

Muchos padres están convencidos de que si toman la educación de sus hijos con sentido del humor no podrían tomar en serio las reglas y los límites. Definitivamente no me incluyo entre ese tipo de personas, porque si algo les gusta a Daniel y a Lucía es mi sentido del humor.

Un día la niña comentó que le preguntaron qué era lo que más le gustaba de su madre y respondió que era muy divertida y alegre. Estoy totalmente convencida de que el sentido del humor con los niños ayuda mucho al menos aligera el día.

Dice St. James que la risa no menoscabará la autoridad de los padres ni saboteará las lecciones que los niños deban aprender. Al contrario: nos amarán por la capacidad que tenemos para ver el lado alegre de la vida. La especialista recomienda mantener la espontaneidad día con día.

"De vez en cuando, rompe la rutina habitual: invítales un helado, aunque después no cenen. Consigue un equilibrio entre el trabajo y el ocio, y proponte actividades que den a todos la oportunidad de disfrutar juntos."

El sentido del humor también puede contribuir a que aceptemos ser flexibles de cuando en cuando, lo que no ocasionará nada malo al niño ni a la familia. Por supuesto, las normas y los límites relacionados con la salud, la seguridad y la integridad físicas de los chicos son tan importantes que jamás deben romperse. No dejarías a tu hijo de cinco años treparse a la azotea del edificio, ¿verdad? Los expertos aseguran que el rompimiento eventual de alguno de los dictados de la disciplina puede llegar a ser benéfico para el desarrollo del menor. Catalina del Río, terapeuta familiar, explica:

> Es muy común que los padres entremos en la dinámica de las reglas sólo por establecerlas, pues creemos que con ello beneficiaremos al pequeño y estamos convencidos de que nuestros hijos son aún muy jóvenes para asumir ciertas responsabilidades.
>
> Pero si de vez en cuando quitamos las restricciones podremos darnos cuenta de los cambios, la madurez y capacidad de manejo que nuestros hijos van adquiriendo con el paso del tiempo. No podemos atarlos a una gran cantidad de reglas inquebrantables y esperar que, de repente, se conviertan en personas competentes o capaces de tomar sus propias decisiones.

Ana María González tiene tres hijos. Los niños han crecido bajo una estricta rigidez en cuanto a rutinas y horarios, en consecuencia, esta madre ha visto su esquema completamente roto.

"Ha sido muy difícil para mí aceptar que las rutinas ya no pueden ser las mismas que cuando los niños eran bebés. Me cuesta aceptar que mi hijo mayor, Eduardo, de 11 años de edad, ya no se quiera bañar a las seis de la tarde. O que Sofía, de nueve, prefiera hacer la tarea después de las cinco de la tarde. He tenido que ir modificando poco a poco el reglamento familiar y adaptarlo a las edades de mis hijos. Ya ni Elisa, de siete, quiere irse a la cama a las ocho de la noche".

El asunto de flexibilizar e incluso romper las reglas de vez en cuando ha suscitado mucha polémica entre las madres entrevistadas. Muchas no están convencidas de romperlas alguna vez. Me da la impresión de que tenemos miedo de quebrantarlas por la falta de confianza en el trabajo que hemos realizado con nuestros hijos.

*Los hombres terminan las cosas que empiezan, de acuerdo con lo que creen.*

ANÓNIMO

En mi caso, por ejemplo, creo que la firmeza con la que han sido criados mis hijos ayudó mucho a que sean responsables, sobre todo con los deberes escolares. Pero no puedo creer que obtengan buenas calificaciones en los exámenes a pesar de no estar al pendiente en las tardes de estudio. Me siento imprescindible y me duele notar que ellos ya no me necesitan para el cumplimiento de la norma "la escuela es lo primero". Ya la asumieron, no es necesario insistir con eso.

En el caso de otra madre, ya no puede aplicar a sus hijos la norma de "tiempo medido para jugar Nintendo"; los chicos ya saben que si no han hecho la tarea ni de broma pueden encender el juego. En cada caso habrá siempre una regla que ya no es necesaria recordar.

En palabras de Catalina del Río:

La mejor etapa para romper alguna regla es después de los tres años de edad. Antes no conviene mucho porque el pequeño apenas empieza a aprender el orden, las rutinas y las responsabilidades. Para ellos, una vida sin orden o rituales puede resultar amenazadora y confusa debido a que las reglas son necesarias para fortalecer su seguridad. Asimismo, un niño menor de tres años aún no tiene capacidad para comprender que el haber roto una vez la regla no significa que las normas establecidas pueden quebrantarse todo el tiempo.

"Una sola vez mi madre me permitió brincar en su cama", dice Ana Cecilia, de nueve años y amiga de mi hija Lucía. "Mi mami quitó las mesas de noche y las lamparitas que hay arriba de ellas. Puso muchas almohadas alrededor de la cama para que no me lastimara en caso de caerme y me dijo que su mamá también la dejaba brincar en la cama algunas veces". La madre de esta niña le advirtió que no siempre sería así, y le permitiría hacerlo sólo cuando hubiera un adulto cerca. La niña fue felíz. La madre cedió. Existe un orden "flexible" que otorga comodidad a padres e hijos.

> *La buena disciplina no tiene que ser complicada. Debe organizarse bien, comunicarse fácilmente y ejecutarse con tranquilidad. Entre más simple, mejor.*
>
> Rosemond

Algunas madres han tenido que ceder ante un aspecto importante para ellas: el aseo personal del niño. Claro, no se trata de que el chico no se bañe, pero ¿qué pasaría si un fin de semana se queda en pijama? A mí me gustaría probar. Ojalá y pudiera permitir a mis hijos, y a mí misma, estar en ropa de dormir durante sábado y domingo enteros.

"Es muy ameno quedarse en la casa con unos viejos *pants*, pedir pizza y ver películas con toda la familia. Nosotros lo hemos hecho muy pocas veces porque los fines de semana es obligatorio visitar al resto de la familia, pero las tres o cuatro ocasiones que nos hemos dado ese gusto ha sido maravilloso. Siento que la familia se une", me asegura Verónica Sosa, madre de Valeria, de nueve años, de Andrés, de siete, y de Rodrigo, de cuatro.

Debo reconocer el haber roto dos reglas que juré y perjuré jamás quebrantaría: llevar de cenar a mis hijos mientras veían la televisión y aceptarlos a dormir en mi cama durante las noches de pesadillas. No sé ni en qué momento lo hice, pero las rompí.

"Todas decimos lo mismo y cuando llega el momento, con tal de que cenen, les llevas los alimentos a la cama si te lo piden", comenta Marcela Cortés, madre de Mariana, de nueve años de edad, y Cristina, de siete.

Cuando el más joven de mis hermanos me vio llevar la cena a los niños frente a la televisión me criticó hasta el cansancio. Recuerdo que me dijo: "María, ¿cómo es posible que les des de cenar aquí? Tu cuarto no es comedor —en mi recámara está la televisión—, eso es falta de disciplina". Francamente me hizo creer que yo era una pésima madre y mis hijos no tenían una buena formación. Incluso pensé que al ceder en eso estaba afectando su desarrollo. Esas ideas me invadieron durante cinco minutos, porque al sexto me convencí de que no les pasaría nada y que mi hermano exageraba. Cierto, no es lo mejor llevarles de cenar mientras ven su programa preferido, pero a mí me funciona. Además, ambos cenan de maravilla, yo estoy relajada 10 minutos y aprovecho para hacer desde las cuentas del día hasta llamadas telefónicas que han tenido que esperar por falta de tiempo.

Respecto a las visitas nocturnas, ahora me doy cuenta de que en realidad permitimos a los niños dormir con nosotros por la pereza que nos da levantarnos a combatir los monstruos que habitan debajo de sus camas. Pero también descubrí que el mejor antídoto para visitantes que quieren pasar la noche en medio de sus padres son los ronquidos.

"Mejor me voy a mi cama, tus ronquidos y los de papá no me dejan dormir", me dijo Daniel.

Con Lucía es otra historia. Ella es incapaz de despertarme abruptamente, sólo me observa y cuando su mirada me despierta y le digo "métete a la cama", sale corriendo a su habitación por su almohadita y cuatro muñecos que al final se instalan muy a gusto en la cama "matrimonial". Esas visitas se han ido incrementando con la edad. Es gracioso, pero cuanto más crece la niña, más veces

¿Es realmente grave que nuestros hijos sepan que nosotros, sus padres, a veces nos equivocamos?

ha venido a dormir con nosotros, y la verdad no me parece estar haciéndole ningún daño al permitírselo. Cuando yo era chica, mis padres también nos dejaban dormir en su cama si teníamos miedo o estábamos asustados y eso, en vez de generarme algún trauma o ventilar algún conflicto interno, es algo que recuerdo con mucho cariño y agradecimiento. Me sentía querida y apoyada por ellos.

Norma Aboites, madre de dos niños, uno de cinco años y otro de siete, contó la siguiente anécdota:

"Una de las principales reglas en casa es 'termina lo que empezaste'. Pero llegó la excepción. Mi hijo de cinco años me rogó que lo inscribiera en clases de *taekwando*. Después de varios meses de insistencia lo inscribí y al poco tiempo de estar tomando la clase, me pidió que lo sacara. Me negué e incluso solicité la ayuda de un psicólogo familiar, quien me dijo que los niños deben aprender a terminar lo que empezaron, pero que tampoco afectaría el desarrollo emocional del chico si yo lo sacaba de la clase y aceptaba delante de él que ambos habíamos cometido un error.

Es importante enseñar a los menores a terminar lo que empiezan, eso es una manera de responsabilizarlos frente a sus propias decisiones, me dijo el especialista, pero tampoco pasa nada si no terminan el rompecabezas o dejan a medias un libro".

Casi todos los padres educamos a nuestros hijos basándonos en el patrón con el que nosotros mismos fuimos formados. Pero eso no es necesariamente lo mejor, tan sólo es lo conocido.

Clemes y Bean, en la obra citada, afirman que, en la educación de nuestros hijos debemos considerar que son diferentes de nosotros y, a la vez, nosotros somos diferentes de nuestros padres.

"Cierto tipo de resistencia paterna es sólo consecuencia de la iner-cia. Esto significa que la manera usual de actuar de los padres es, hasta cierto punto, un hábito y que toda sugerencia de cambiarlo fracasa a causa de la difundida tendencia humana de conservar las viejas costumbres".

"Mi madre suele llamarme *exagerada, habladora*. Por supuesto, es una situación que me molesta mucho, pero yo misma la estoy repitiendo con mi hija María Jimena. Un día, después que llamé a la niña *habladora*, me vio con mucho enojo. Había un espejo frente a nosotras. Yo me volví para verla a través de ese espejo, y me di cuenta de que éramos mi madre y yo cuando yo era chica. Sentí horrible, pero reconocí que estaba repitiendo un patrón de conducta insoportable para mí. Decidí cambiarlo para siempre y así lo he hecho", expresa Olga Collado.

## Preguntas

En nuestro *afán* de ser firmes, nos hemos preguntado:

1. ¿Sentimos culpa al poner límites? ¿Por qué?
2. ¿Somos consistentes cuando ponemos límites a nuestros hijos?
3. ¿Somos firmes con las reglas y las normas que ponemos a los niños?
4. ¿Qué vemos en nuestros hijos de nosotros mismos? ¿Se trata de conductas que rechazamos?
5. ¿Adaptamos a nuestros hijos a nuestras necesidades o bien, nosotros nos adaptamos a sus ritmos, horarios y tiempos?
6. ¿Tenemos sentido del humor para manejar la crianza de nuestros hijos?

# Capítulo cuatro

# Cuando la desesperación
# toca a la puerta

$E$l médico Arturo Mendizábal ha visto en consulta a una gran cantidad de padres quejosos y desesperados porque sus hijos no les hacen el menor caso. Asegura que hay papás de todo tipo: inestables, desorganizados, desordenados, etcétera. De todos ellos podemos escuchar frases típicas como: "¡llevas una!, ¿eh?", "¡vas a ver a la siguiente!", "¡una más y te voy a castigar!" Estas constantes amenazas no son lo más recomendable para el desarrollo del niño, pues lo confunden y le generan inseguridad. Al respecto, agrega:

Lo peor es que el niño sigue haciendo de las suyas y no le pasa nada; el castigo nunca llega. Entonces el pequeño no puede ser limitado o castigado por algo que ni él mismo sabe que es incorrecto. La desesperación y el sentimiento de culpa se presentan al mismo tiempo en el padre y es cuando se pregunta: "¿por qué no lo detuve ni le puse un límite a tiempo?

Desesperación y culpa dan como resultado miles de niños golpeados por la exasperación de alguno de los padres. Ésa es una dolorosa realidad; por eso, y aunque suene trillado, conviene contar hasta 10 antes de ejercer alguna acción física contra el menor.

Muchos padres están convencidos de la vieja frase "más vale una nalgada a tiempo"; lo grave es que la nalgada se convierte en una respuesta permanente a las actitudes del pequeño. Peor aún, en muchos casos la nalgada deja de serlo para convertirse en bofetones, jalones, pellizcos, golpes en la espalda o cinturonazos.

Otra consecuencia de la desesperación son las amenazas y los castigos incumplidos que no pueden ejecutarse simplemente porque son, en la mayoría de los casos, absurdos.

*De entre todos los animales, el más difícil de manejar es el niño; debido a la excelencia de esta fuente de razón que hay en él, y que está todavía por disciplinar, resulta ser una bestia áspera, astuta y la más insolente de todas.*

PLATÓN

Cuando era pequeña recuerdo que mi hermana mayor le contestó a mamá de una manera un tanto irreverente (le dijo algo así como: "Ese no es tu problema, mamá"). Mi padre, quien estaba leyendo el periódico, se levantó en menos de un parpadeo y gritó: "¡A tu madre no le contestas así! Te quedas castigada un mes sin salir de tu habitación".

No recuerdo si el increíble y aberrante castigo duró un mes, pero sí puedo afirmar que mi hermana estuvo encerrada por lo menos dos semanas. Mi papá no era un hombre golpeador, pero sus castigos eran tan graves como lo son los golpes.

Yara Brom, psicóloga infantil, expone:

Existe la idea muy generalizada entre los papás de 'castigar al niño en lo que le duele' y lo cierto es que este concepto tan difundido tiene que ver más con una actitud de venganza de la madre o del padre que con una actitud correctiva. La medida debería ser: no estudiaste para el examen, repruebas; no haces la tarea, te ponen mala nota. Se debe enseñar al menor que no hace las cosas por nosotros, sino por él. Los padres no somos capaces de permitir que los hijos aprendan a encarar las consecuencias de sus actos, y cuando las cosas no suceden como esperamos, creemos que resultaron de ese modo porque los niños querían fastidiar. Cuando esto ocurre, muchos padres piensan: 'me diste donde más me duele, ahora es mi turno y voy a desquitarme, así que no tendrás bicicleta, ni juego de Nintendo, etcétera.

Es muy común que el comportamiento inadecuado de nuestros hijos sea el detonador de los ataques de furia a los que somos susceptibles. Muchas veces las mamás llevamos encima una enorme carga de agotamiento físico, mental y emocional por razones diversas, y cualquier necedad del niño nos llega hasta la médula. Entonces queremos imponer los castigos más ilógicos.

## ¿Son eficaces los castigos?

Un día que esperábamos a Gerardo, un amigo de mi hijo Daniel, para comer en casa, sorpresivamente recibimos una llorosa llamada telefónica: "¿Me pasas a Dan?", me dijo. "¿Qué te pasa? ¿Estás llorando?", le pregunté. Más tardé en formular las preguntas que el niño en soltar el llanto: "Mi mamá es muy injusta. Me castigó por culpa de mi hermana y ahora ya no me deja ir a comer a tu

> Es muy común que el comportamiento
> inadecuado de nuestros hijos sea el detonador de
> los ataques de furia a los que somos susceptibles

casa". "Algo debes haber hecho, las madres no castigamos nada más por castigar".

*Tan sólo por la educación puede el hombre llegar a ser hombre. El hombre no es más que lo que la educación hace por él.*

KANT

El niño se calmó un poco y pudo decirme que su mamá estaba de mal humor y se había desquitado con él. Repentinamente nuestra conversación se vio interrumpida cuando la mamá de Gerardo le quitó el teléfono y me dijo que su hijo estaba castigado. Tras una terapéutica conversación, ella confesó tener problemas con su marido al mismo tiempo que su hija menor estaba enferma. Esas dos situaciones la tenían con los nervios de punta y entonces cuando reconoció que, en efecto, había sido injusta con Gerardo y que sí daría permiso de ir a comer a nuestra casa.

No creo que haya valido la pena que Gerardo se angustiara y se le provocara confusión si a la postre le dieron permiso de salir. Para ayudarlo, Daniel, Lucía y yo tratamos de que pasara un momento agradable en nuestra casa.

Reconozco que muchas veces amenazo con castigos que no cumplo, o que las fechorías cometidas por mis hijos generalmente no merecen los castigos que les imponemos. Aún más, muchos padres no tenemos el hábito de sancionar con castigos que sean consecuencias lógicas de sus acciones.

## Algunas opciones a los castigos

1. Mostremos al niño una forma en la que puede ser útil.
2. Hay que demostrar una desaprobación rotunda sin atacar el carácter del niño.
3. Digamos al niño lo que esperamos de él.
4. Enseñémosle cómo puede cumplir de manera satisfactoria para todos.
5. Tengamos listas opciones que sustituyan al castigo.
6. Emprendamos alguna acción que indique al niño que somos firmes y no cederemos.
7. Permitamos al chico enfrentar las consecuencias de su mal comportamiento. Recordemos que las consecuencias tienen que ser lógicas.

Las expertas Nitsch y Von Scheling recomiendan no amenazar ni castigar a los niños con algo que no tiene relación con la acción realizada. Por ejemplo: "No verás la televisión el fin de semana porque perdiste la caja de los colores en la escuela". Al no haber relación entre ambos hechos, el niño no asimila el sentido de esos castigos. En lugar de mejorar las cosas, lo único que se deriva es una mayor resistencia y obstinación.

A veces he caído en el craso error de reprender a mis hijos por tres cosas distintas al mismo tiempo. Como todos los chicos, también tienen oído selectivo y no escuchan nada de lo que las mamás les decimos. El resultado es imponer castigos poco o nada relacionados con las razones que motivaron mi enojo.

Daniel estaba muy a gusto acostado viendo la televisión cuando entré en su habitación y vi sus útiles escolares tirados en el suelo.

"Daniel, ven acá", le ordené. Por supuesto, el niño me escuchó hasta la tercera llamada, una vez que fui personalmente a recriminarle. "¿Qué te he dicho acerca de libros y cuadernos? Además, los tenis de la escuela están fuera de su lugar. Ese avión que dejaste sobre la cama, guárdalo; la chamarra del uniforme está encima de la mesa del comedor. ¿Viste cómo dejaste la pasta de dientes?".

"Mamá, qué te pasa, no entendí nada de lo que me dijiste".

¿Cómo va a entender si le estoy reclamando al mismo tiempo cinco cosas distintas, que no tienen nada que ver entre ellas?

"Apaga la televisión, estás castigado", le dije. Lo peor es que le apagué la televisión. Aunque a los cinco minutos me arrepentí y le permití encenderla de nuevo.

Para ser franca, ni yo lo entiendo, pero reconozco que la desesperación, la frustración y mis 20 segundos de mal humor son los que me llevan a aplicar castigos poco objetivos e incongruentes.

Ofelia de la Fuente ha aprendido que "educar no es castigar" y desde que me dijo esa frase he tratado de ser más congruente en las consecuencias derivadas de algo que hicieron mis hijos.

"Si mi hija llega tarde a la escuela porque no se quiso levantar o tardó más de lo debido en arreglarse, ¿qué peor consecuencia que ser suspendida por su retraso? Ésa es una consecuencia lógica y acorde con el tamaño de la situación, por lo tanto, es suficiente. No es necesario además castigarla. ¿Por qué habría de hacerlo?", afirma Ofelia.

En la actualidad la palabra *castigo* parece estar en desuso. En muchas familias se prefiere hablar de consecuencias en lugar de castigos. Pero la realidad es que, aunque nos cueste trabajo aceptar el contenido represor y autoritario de los castigos, aún los aplicamos en la educación de nuestros hijos.

John K. Rosemond señala que todos tenemos conceptos fijos sobre el castigo. Uno de ellos es la idea de que éste debe acompañarse por cierta dosis de incomodidad que, al ir en aumento, causará que el niño reciba el mensaje con una mayor claridad. Él explica: "Para eliminar conductas inconvenientes, 10 nalgadas

**Cuando no entendemos las razones del comportamiento de nuestros hijos, porque ni siquiera nos hemos molestado en averiguarlas, es cuando encontramos todo tipo de justificación para los castigos**

traerán más beneficios que una sola, y tres semanas 'bajo arresto domiciliario' producirán un cambio más positivo y duradero que si fueran sólo tres días. Sin embargo, estas situaciones son las causantes de tanta confusión cuando surge la necesidad de castigar. Pero el castigo no tiene que ser doloroso. Lo mejor para todos es que provoque la menor incomodidad posible".

Una madre con quien tuve una larga discusión sobre los castigos afirmaba que si el castigo no duele, entonces ¿para qué sirve?

Considero que el aspecto principal consiste en averiguar si los castigos sirven para algo. Por supuesto, no defiendo a los niños malcriados, sin límites y sin sentido del respeto hacia los demás, pero considero que los expertos en educación tienen razón cuando afirman que muchas veces el mal comportamiento infantil es un reflejo de la forma en que los chicos son tratados en casa, la escuela y con sus amigos.

Penélope Leach señala que la mayoría de los niños no forman parte de las vidas de adultos ocupados con demasiadas actividades. Estos pequeños tan sólo comparten una pequeña parte de la vida adulta y obtienen muy poca atención de sus padres; así, el papá que trabaja largas jornadas con actividades, problemas y valores propios se convierte en un extraño para ellos.

Entonces, ¿qué conducta podemos esperar de niños a los que no prestamos suficiente atención y, si los tenemos en cuenta, sólo es para regañarlos, ordenarles o apresurarlos?

Durante los años que trabajé de tiempo completo en una oficina de lo que menos quería saber al llegar a casa era de pleitos, Barbies rotas, tareas incompletas y niños molestos. Deseaba llegar a descansar y mis hijos pretendían que llegara a resolver la mitad de sus problemas. Casi siempre los resultados eran discusiones nocturnas, niños castigados, lágrimas, gritos y malestar, mucho malestar.

*Al no culpar ni castigar, dejamos a los niños en libertad para que se concentren en asumir su responsabilidad en vez de que se concentren en vengarse.*

ANÓNIMO

Recuerdo un día en que me quedé con ellos por la tarde, Daniel me dijo: "Oye, ¿a qué hora te vas? Cuando no estás en casa nos portamos mejor, mamá".

Cuando no entendemos las razones del comportamiento de nuestros hijos, porque ni siquiera nos molestamos en averiguarlas, es cuando encontramos todo tipo de justificación para los castigos. Lo que me ha pasado, y muchas mamás coinciden, es que impongo castigos cuando ya estoy al borde de la desesperación. Cuando estoy relajada y me pongo los zapatos de madre tolerante las dificultades se resuelven en un "abrir y cerrar de ojos". Son momentos en los que fluye el diálogo y no hay gritos. Son situaciones que nunca concluyen con castigos.

Raquel Cymet cuenta que ella optó por dejar de luchar contra sus hijos: "Trato de no descargar en ellos las dificultades que tengo y, si hay problemas con los niños en mis cinco minutos de mal humor, les digo que en ese momento no estoy disponible y que si insisten es probable que todo termine en castigo. Es muy gracioso porque cuando hay algún pleito o discusión en la que es necesario que yo intervenga ellos me preguntan si estoy disponible. Eso me ha quitado muchas culpas de encima".

En su libro *Padres respetuosos, hijos responsables*, Bárbara Coloroso explica que no se trata que como padres nunca perdamos los estribos, pero cuando la adrenalina anula nuestra razón es el momento de alejarnos, de serenarnos para después regresar y empezar de nuevo. En ese instante estamos en condiciones de aceptar el conflicto y buscar una solución junto con nuestros hijos.

"Guía e instrucción suelen ir de la mano. Cuando damos a nuestros hijos la estructura de sostén para solucionar sus propios conflictos los estamos guiando e instruyendo en alternativas constructivas contrarias a pelear, evitar o permanecer pasivo".

Patricia Ortega, mamá de Rafael, de siete años de edad, cree que por principio no se debe pegar a los niños. "Sin embargo, me parece que puede haber circunstancias en las que el niño se haya excedido, no entienda razones y sea necesario detener inmediatamente su actitud. Tal vez en esas circunstancias es cuando puede caber el dicho 'más vale una nalgada a tiempo'; pero no se debe lastimar al niño y ha de explicársele claramente la razón por la que se le golpeó. Debemos evitar dar un golpe al niño cuando estamos enojados porque en ese momento estamos desahogando el coraje y no se está disciplinando con ello al hijo. De cualquier manera lo mejor es evitar siempre la agresión, física o verbal".

Como padres modernos, a todos nos cuesta trabajo enfrentar la palabra *castigo*. No obstante, sabemos que los niños necesitan límites y vivir bajo ciertas reglas. Cuando el chico no las respeta debe haber una consecuencia, y si nos mantenemos firmes en la aplicación de ésta será mucho más eficaz que si se le propinan tres nalgadas o se le grita.

"La firmeza es fundamental, pero también la constancia y el acuerdo entre los padres para establecer las consecuencias que los hijos deberán asumir al romper los límites o desobedecer", afirma Mendizábal.

"Cuando Juan Pablo le pega a su hermano menor sabe que su castigo será dejar de ver su programa de televisión preferido durante una semana. Las veces que he aplicado esa sanción suelo enviar al niño fuera de la sala. Su padre aplica la misma pena de no ver televisión pero él tan sólo apaga el aparato", afirma Karina Encinas.

> *Cuando los niños alcanzan la edad de la razón, ya lograron que sus padres la perdieran.*
>
> ANÓNIMO

Aun cuando la consecuencia es la misma, la forma en la que los padres de Juan Pablo la aplican varía, y eso no está mal. Lo equivocado sería que no hubiera acuerdo entre los adultos respecto a lo que le va a suceder al niño por golpear al hermano, dirían los expertos en la crianza.

Durante los últimos 11 años, edad de mi hijo Daniel, me la he pasado discutiendo con mi esposo y no nos ponemos de acuerdo respecto a cómo aplicaremos los castigos. Discrepamos en la forma, aunque no en el fondo. Nos ha costado mucho trabajo llegar a acuerdos sobre las reglas; pero aunque sea tirando uno de un lado y el otro del lado opuesto, es necesario coincidir por el beneficio y la seguridad emocional de los niños.

## Descartemos gritos y golpes

¿Es común que te griten? ¿Tu marido suele golpearte por no preparar, según él, una buena comida? Sin temor a equivocarme te puedo decir que no. Y seguramente —así como yo— pensarás: "El día que mi marido me ponga una mano encima me divorcio".

Soy enemiga acérrima de los gritos y los golpes. Por supuesto, grito; antes era más gritona que ahora, pero jamás le pego a mis hijos porque no forma parte de mis convicciones.

Golpear a los niños, sobre todo cuando se vuelve hábito, resulta peligroso tanto física como psicológicamente. Los daños que en el largo plazo pueden ocasionarse al menor son irreversibles. No obstante, convencidas de que "hay de golpes a golpes", existen familias en las que se considera que una nalgada tiene beneficios inmediatos. "A mí que me dejen a ese niño una semana y a nalgadas lo enderezo", comenta la madre de un amigo de mis hijos al referirse a un compañero de su vástago.

## El peligro de las nalgadas

Ubicado en el interior de las nalgas se encuentra el nervio ciático, el más largo del cuerpo. Un golpe fuerte en esa zona, particularmente con un objeto duro, puede causar una hemorragia a los músculos que lo rodean, con la posibilidad de dañarlo y de lesionar una de las piernas. El cóccix es un hueso extremadamente delicado que se halla en la base de la espina dorsal y también es susceptible al daño cuando un niño es golpeado en esta región. Cuando a los chicos se les obliga a agacharse para pegarles, sus órganos sexuales corren el riesgo de verse dañados. Los hospitales dan parte con frecuencia de cóccix dislocados y contusiones en la zona genital derivados de castigos violentos.

## Los golpes en las manos

Las manos de los niños son vulnerables, sobre todo porque los ligamentos, nervios, tendones y vasos sanguíneos están justo debajo de la piel, la cual no tiene ningún tejido protector subyacente. El golpear las manos de niños muy pequeños es especialmente peligroso para las placas de crecimiento de los huesos, las cuales, si resultan dañadas, pueden causar deformaciones o deteriorar su funcionamiento. El golpear las manos de un niño puede causar también dislocación y posteriormente llevar al desarrollo prematuro de osteoartritis.

### Las sacudidas

El sacudir a un niño puede causar ceguera, daño al cerebro y hasta la muerte.

**Fuente**: Jordan Riak, *Hablando francamente sobre el pegarles a los niños.*

Sandra López, encargada del área de psicología de una escuela primaria, señala que ni los golpes ni los gritos funcionan. Sostiene que un jalón de orejas o una nalgada pueden ser para los padres salidas desesperadas a una pataleta o a un comportamiento de sus hijos que rebasa el tope de su paciencia. Sin embargo, muchas veces la culpa de recurrir a un castigo físico, por moderado que sea, puede hacer que los padres se sientan más castigados que el propio hijo. Así, mientras el niño llora en una habitación, la mamá lo hace en la de a lado.

"Mamá, no me grites. Entiendo perfectamente lo que quieres que haga", me dijo mi hija Lucía una noche después de la cuarta vez que le pedí que se bañara.

En primer lugar, no tengo que pedirle cuatro veces que se bañe, ella ya sabe que debe hacerlo. Tampoco tengo derecho a gritarle por no bañarse cuando yo quiero que lo haga, ya que los gritos ofenden, humillan y llevan a albergar mucho enojo. También en-

## Nunca debemos perder el control frente a los niños

señan que las relaciones humanas tienen un componente importante de humillación y ofensa.

En efecto, exponen los conocedores, nunca debemos perder el
control frente a los niños. Cuando el chico no respeta las normas
acordadas sucede lo que la gran mayoría de padres desearía evitar: perdemos el control y empezamos a reñir a gritos, sobre todo
cuando estamos cansados o tenemos exceso de trabajo. Como
resultado, la seguridad del pequeño se rompe. Todo eso por ni-
miedades. Lo peor es que tales estallidos de cólera no hacen cam-
biar las cosas; por el contrario, lo único que se logra es esparcir la
agresividad.

### Peligro: se ha abierto la válvula de escape

Pocos padres podemos ser como dicen los libros que deberíamos
ser. ¡Qué bueno! Somos seres humanos imperfectos. Además, en
la experiencia con mis hijos, cuando me equivoco o soy injusta y
tengo la capacidad de reconocerlo frente a ellos todos nos sentimos mejor.

En una ocasión mi madre me llamó por teléfono para ofrecerme disculpas por una equivocación que cometió. No podía creerlo
porque ella es una mujer soberbia. Me sentí muy reconfortada con
su llamada y la percibí mucho más humana. De la misma forma
en que los adultos nos sentimos reconfortados cuando alguien reconoce su error o la injusticia cometida, los niños se sienten bien
cuando algún adulto es capaz de reconocer frente a ellos que se
equivocó.

Los tiempos han cambiado mucho y si antiguamente los padres daban un manazo al niño para quitarle lo malcriado o para

evitar que hiciera tonterías, hoy las cosas son muy distintas y la legislación de casi todos los países del mundo defiende los derechos de los niños.

Los hijos no son de nuestra propiedad. Son personas vulnerables y débiles. Y eso no nos da ningún derecho a agredirlos física, mental o emocionalmente.

Marcela Sierra es mamá de una hermosa niña de ocho años. Un día la pequeña estaba jugando con las muñecas y de repente las empezó a regañar, les dijo que eran tontas y groseras y que ya no las iba a querer.

"A medida que yo escuchaba más lo que mi hija les decía, más me sorprendía lo aprendido por la niña. Decidí interrumpir el juego y le pregunté por qué trataba así a sus muñecas. Su respuesta fue contundente: 'Ay, mamá, a veces tú te pones así'".

## La influencia del medio en el comportamiento de las madres

Las madres siempre se han dejado influir demasiado por la sociedad para cometer atrocidades, convencidas de tener un buen motivo. En la Edad Media golpeaban violentamente a los pequeños porque ellas sentían temor de las ramas más represivas de la cristiandad, que dictaban que si no les sacaban los pecados a golpes, los niños irían al infierno.

Mucho después, una madre del siglo XVIII escribió: "Hoy me duele la espalda de tanto azotar a Susan; ella se resistía y el esfuerzo me produjo un tirón".

"Asimismo, ataban a los bebés con fuerza para evitar que se les deformasen las extremidades, sin darse cuenta de que así les provocaban raquitismo".

**Fuente**: Libby Purves, *Cómo no ser una familia perfecta.*

Adriana Carmona, abogada penalista e investigadora de la Escuela Nacional de Trabajo Social de la UNAM, asegura que los menores son quienes viven más el drama de la violencia familiar por estar indefensos y en manos de su agresor. La única defensa, en el caso de presentarse la denuncia, es la sanción penal.

La especialista en violencia familiar señala que de acuerdo con cifras de Niñotel —línea telefónica por la que se denuncia todo tipo de maltrato infantil, y que además clasifica quién reporta la llamada—, el mayor registro lo tiene la agresión física por golpes. Por ejemplo, durante un mes se reportaron 103 llamadas de maltrato a niños entre cero y cuatro años de edad; 86 de infantes entre cinco y nueve años; 77 de menores entre 10 y 14, y 177 llamadas, de adolescentes entre 15 y 19 años. Esto significa que los más pequeños y los mayores sufren más agresiones.

*El error de golpear a un niño es la lección que se le enseña: indeseables métodos de enfrentar la frustración. Cuando estés enojado: golpea.*

HAIM GINOTT

La investigadora indica que sólo en 16 entidades federativas, además del Distrito Federal, se cuenta con una legislación en materia de violencia familiar. Entre ellas sobresalen Querétaro, Guerrero, Morelos y Jalisco. En este último estado, la Iglesia se oponía a esta medida con la excusa de que provocaría la desintegración de los hogares.

De acuerdo con distintas investigaciones, sostiene la abogada Carmona, cuando crecen, los niños que padecieron violencia familiar se convierten en hombres golpeadores y mujeres maltratadas. En consecuencia observamos que la situación se vuelve costumbre y a la postre, da paso a un círculo vicioso.

Por otro lado, miembros del Hospital Infantil de México aseguran que más de la mitad de los casos en los que se presenta maltrato a menores termina con la muerte del infante. En la media, el porcentaje de niñas golpeadas es 51.6%, mientras que los niños alcanzan 48.4%.

En algunos estudios se asegura que las madres son las que más golpean y que cuando los padres son los agresores suelen atacar al infante con mucha más severidad.

La Comisión Nacional de Derechos Humanos (CNDH) de México informa que en un lapso de dos años se registraron casi 25 mil casos de violencia contra menores; una tercera parte correspondió a maltrato sexual.

El Centro de Atención a la Violencia Intrafamiliar del Distrito Federal atiende 20 mil casos anuales de niños maltratados. Y sólo son los que se tienen registrados.

Muchos padres de familia creerán que "hay de golpes a golpes". A decir verdad, no es lo mismo un golpe con un cinturón o una bofetada que una leve nalgada, el problema es cuando los golpes se convierten en supuestos mecanismos de corrección y lesionan física y emocionalmente al menor.

Sin duda, vivimos en una cultura orientada a castigar y resaltar lo negativo. Según los pedagogos, lo ideal sería voltear los ojos hacia las conductas positivas del niño, hablarle sobre lo que sucedería si se portara bien. Es importante conversar con los pequeños y dejarlos expresar sus emociones. Los padres de familia deben convencerse de que tanto ellos como sus hijos están en el mismo bando.

En su libro *Los 10 errores más comunes de los padres y cómo evitarlos*, el doctor Kevin Steede recomienda que para ser más eficaces, los padres deben aprender a tener en cuenta las conductas positivas de sus hijos y premiarlas con su atención y elogios. Parece un proceso simple, pero supone un esfuerzo considerable el hecho de estar atento a esas conductas positivas y recompensarlas.

"Es muy fácil caer en la trampa de no perturbar la armonía y permanecer en silencio cuando los niños se están portando bien", explica Steede.

"Yo he aprendido a reconocer las cosas buenas que hace mi hijo y eso lo ha estimulado mucho a hacerlas cada vez mejor. Lo que más me ha funcionado es decirle: 'oye, ya vi que colocaste los zapatos en su lugar y agradezco tu consideración', en lugar de decirle: 'felicidades, hoy te portaste muy bien'", expone Esther Arias.

Lo importante de esta técnica es reconocer al niño una acción concreta y no felicitarlo por vaguedades. El pequeño debe saber qué fue lo que hizo bien.

Los gritos y golpes no son la única salida de un padre desesperado. Por supuesto, lo ideal es no perder nunca la paciencia con los hijos, pero como eso es prácticamente imposible, cuando no somos padres golpeadores generalmente recurrimos a otras opciones que tampoco nos llevan a ningún lado, como hacerle preguntas que sabemos que el niño es incapaz de responder ("¿por qué lo hiciste?"), amenazarlo sin sentido ("va a venir un policía por ti"), o formular cuestiones para las que no dejamos alternativa al pequeño y que en el fondo son órdenes disfrazadas de peticiones ("¿podrías estar en paz?"). Todas estas reacciones son producto de la desesperación o del enojo.

Siempre que quiero llamar la atención a mis hijos muy ceremoniosamente les pregunto: "¿por qué hiciste esto o aquello?". Es evidente que jamás he tenido la respuesta. En definitiva, y en eso coincidimos la mayoría de las madres, para evitar gritos y golpes en

> **El hecho de estar atento a las conductas positivas y recompensarlas, supone un mayor esfuerzo que reaccionar impulsivamente a las conductas contrarias**

la crianza de nuestros hijos es preciso establecer reglas firmes y claras. Como es poco probable que el niño las acate, lo mejor es contar hasta 10 antes de que el enojo y la ira se apoderen de nosotros.

Clemes y Bean afirman que las reglas son importantes porque indican al niño qué se espera de él. Asimismo, se evita la llegada de los momentos de desesperación.

"El establecimiento de reglas es un método para organizar la vida en familia y permite que las personas sepan cuáles son sus responsabilidades y cuáles las de los demás. Asimismo, posibilita la definición de tiempos y obligaciones de cada miembro de la casa".

A continuación presentamos algunas recomendaciones para establecer reglas, las cuales fueron propuestas por un grupo de madres entrevistadas. Algunas pueden funcionar para algunos chicos; otras, no. Todas están probadas. Recordemos que contribuirán con nosotros para evitar muchos malos momentos con nuestros hijos.

▶ Establezcamos reglas razonables y adecuadas a la edad del niño. No esperemos que un chico menor de un año obedezca cuando le impedimos explorar lo que hay a su alrededor. Demos al niño un tiempo razonable para que cumpla lo estipulado.

A mi hijo Daniel le cuesta trabajo amarrarse las agujetas de los zapatos pero es una de las reglas que consideramos importante, ya que le ayuda mucho a la coordinación motora fina, área que el niño necesita trabajar más. La hechura del nudo le lleva más de cinco minutos, por lo que hemos aprendido a darle más tiempo del que ocuparía cualquier otro niño. Adecuamos la norma al problema de mi hijo.

▶ Para poder encender la televisión por las tardes, mis hijos saben que deben terminar primero la tarea, tener su habitación ordenada y la mochila lista colocada cerca de la puerta para evitar retrasos al día siguiente. Asimismo, trato de revisar que todo esté perfectamente cumplido. Los expertos dicen que en beneficio de los pequeños, los padres deben verificar si la regla fue cumplida, por eso es importante establecer reglas cuyo cumplimiento pueda corroborarse.

"Mi hijo Darío sabe que debe sacar la basura y llevarla al bote donde se depositan los desechos de todos los departamentos del edificio. Al principio lo hacía sin el menor cuidado: dejaba el piso sucio y el bote de la cocina destapado y sin bolsa. Creo que eso fue responsabilidad mía, ya que nunca le di las indicaciones de cómo debería quedar todo después de sacar la basura. Lo hablé con él e incluso anotamos en un papel las instrucciones para llevar a cabo esta labor. Considero que lo importante para el cumplimiento de una regla es hacer una descripción con lujo de detalles", cuenta Elisa Bonfil, madre de Darío, de 12 años de edad, y de Emiliano, de siete.

*Si un niño se comporta de una forma inapropiada, los padres deberán felicitarlo cuando no se comporte de ese modo.*

KEVIN STEEDE

La mayoría de las madres hemos comprobado que el tiempo es una cuestión que tiene sin cuidado a los niños. Para ellos la tarde puede ser cualquier hora. Por eso, el cumplimiento de toda regla debe tener un límite de tiempo. Éste debe marcarlo el reloj o las propias actividades cotidianas del niño.

"Los límites de tiempo son necesarios para las reglas, pues proporcionan a padres e hijos la posibilidad de prever las cosas", afirman Clemes y Bean.

La falta de cumplimiento de una norma ha de tener una consecuencia lógica; sin embargo, esta última no debe hacernos sentir culpables. Si nos hacen sentir como "los villanos de la película", mejor intentemos otra cosa.

## Preguntas

> El humor y la imaginación son necesarios para respondernos a nosotros mismos:

1. ¿Somos imaginativos en cómo evitamos y resolvemos los conflictos con nuestros hijos?
2. ¿Mi pareja y yo estamos de acuerdo en la forma en que establecemos los límites y llamamos la atención a nuestros hijos?
3. ¿Ofrecemos opciones a los niños cuando no queremos que hagan algo?
4. ¿Con qué frecuencia recurrimos a los castigos?
5. ¿Reprendemos frecuentemente a los niños?
6. En el momento de tener que aplicar un castigo, ¿recurrimos a uno que sea consecuencia lógica de la acción del niño o a otro que no tenga nada que ver con el acto del infante?

# Capítulo cinco

## La disciplina, ¿funciona?

Muchos padres a quienes se les preguntó acerca de qué entendían por disciplina en la crianza de los niños respondieron que es el conjunto de reglas y normas que existen en una familia y sirven para que los niños sepan qué pueden hacer y qué es lo que no se les permite.

Otros opinaron que es la aplicación de sanciones y castigos en la educación de los hijos. Algunos más —con los que coincido— afirmaron que la disciplina es la constancia en nuestras actividades cotidianas, es responsabilizarnos de nuestros compromisos y, además, cumplir las reglas de la familia y la sociedad.

Hay diferentes enfoques para definir una palabra que se antoja sencilla, pero que en la realidad implica voluntad, esfuerzo y, sobre todo, constancia.

Con qué gesto vamos a pedir a nuestros hijos que cumplan sus deberes escolares todos los días si ellos ven que somos muy desorganizados con nuestra propia vida laboral. Cómo pedirles que ordenen sus cajones si los nuestros son un caos.

La disciplina es, a mi juicio, uno de los valores más importantes en la crianza infantil. Si somos constantes en nuestras actitudes, respuestas e incluso sanciones, el niño sabrá qué esperar de nosotros y eso evitará muchos disgustos y conflictos.

Pero lo más importante con la disciplina es que enseñamos al niño a entender qué puede esperar de sí mismo. Cuando un niño es constante en sus estudios, en las tareas, en la clase de natación o de baile seguramente será un alumno independiente, comprometido, que no tendrá que pedir a los padres que le hagan la tarea o que se sienten a estudiar con él.

"Yo no entiendo por qué abundan las madres que, cuando sus hijos están en exámenes, suspenden todas sus actividades. Las escuchas decir: 'no puedo ir a tal lado porque estamos en exámenes'. ¿Estamos en exámenes? Los niños son los que están en exámenes, no sus madres", afirma Victoria Lezama, normalista y psicopedagoga.

*Unidos el orden y la disciplina engendran la libertad.*

María Montessori

Cuando una persona es disciplinada generalmente cumple las metas que se fija, termina todas las cosas que empieza, planea, y por ello puede orientar sus actividades hacia un objetivo. No obstante, lo más importante de la disciplina es que los niños aprenden a esforzarse y trabajar para lograr algo.

Anteriormente, los padres de quienes ahora somos padres creían que disciplina y castigo iban de la mano. Incluso estaban convencidos de que no había disciplina sin castigos. Por no ir más lejos, los patéticos castigos que nos ponían en las escuelas tenían una justificación: "en nombre de la disciplina".

Aún recuerdo que cuando cursaba quinto grado de primaria, un día me pararon en medio del salón de clases con un chicle pegado en la nariz. "Esto servirá para que endereces tu disciplina", me dijo furiosa la maestra Lucy. Tengo que admitir que durante muchos años creí que para que hubiera una buena educación era indispensable imponer castigos.

De hecho, el binomio disciplina/castigos aún me tortura respecto a la crianza de mis hijos. Por un lado, sé que la disciplina no debe relacionarse con los castigos; pero considero que sin éstos (o sin amenazas) estoy criando a un par de indisciplinados. ¿Paradójico, no?

En su artículo "Identidad e integridad. Autoridad paterna" Guillermo Covarrubias afirma que la añeja idea de que los niños disciplinados son hijos de padres y madres que castigan con frecuencia proviene del concepto erróneo, utilizado en el pasado, de educar a los niños imponiendo sanciones para que cumplieran ciertas tareas.

"Son varios factores los que forman la disciplina de un niño y ésta no sólo se establece por medio de castigos. Los niños disciplinados son generalmente hijos de madres y padres que señalan con claridad los límites y exigen su cumplimiento, favorecen la autosuficiencia y promueven la creatividad y toma de decisiones".

## Cómo se establece la disciplina

▶ Con la formación de hábitos.
▶ Con el aprendizaje de las reglas de la familia y de la sociedad.
▶ Cuando se enseña al niño a asumir la responsabilidad de sus acciones.

> Lo más importante con la disciplina es que
> enseñamos al niño a entender qué puede esperar
> de sí mismo

En efecto, los niños que desde pequeños aprenden a controlarse, a ayudarse a sí mismos, a llevarse bien con los demás son chicos cuyos padres y maestros desempeñan un papel activo en el momento de poner límites, de impulsarlos a seguir adelante y estimularlos a esforzarse por lo que quieren. Son niños con buenas dosis de autoestima.

Como madres muchas veces nos sentimos desorientadas respecto al camino que debemos seguir para ayudar a nuestros hijos a ser disciplinados, pero indudablemente el primer paso consiste en mostrar a los pequeños que nosotros mismos somos disciplinados.

El doctor Arturo Mendizábal afirma que la disciplina es la repetición de los límites. La disciplina es la manera de reforzar el límite. Por eso hay que actuar en el momento preciso. Los niños siempre están probando y midiendo hasta dónde pueden llegar. Eso es sano, forma parte de la infancia. El padre debe ser firme y actuar para que el niño entienda desde la primera llamada de atención. Si el pequeño no ve vacilar a los padres entenderá que ese límite es inamovible y entonces comprenderá una de las reglas de oro de la disciplina: la constancia.

¿Cuál es la clave para que un nadador pueda competir mundialmente, e incluso llegue a ser un medallista olímpico? La práctica, el saber qué puede esperar de los demás competidores y hasta dónde puede llegar. De igual forma debemos hacer con los niños. Para lograr que sean disciplinados debemos conocerlos, aceptar lo que podemos esperar de ellos de acuerdo con su edad y, lo más importante, pues otorga mayor seguridad al menor, saber qué pueden esperar ellos mismos de sus padres y de las personas que están a su cargo.

"No creo que la disciplina consista en castigar al niño o darle una nalgada para que entienda qué no debe hacer. Mi esposo y yo creemos que la mejor manera de educar a nuestros hijos con disciplina es saber, en primer lugar, qué les gusta y qué no les gusta. Por ejemplo, a Diego, mi hijo de 10 años, le gusta mucho dibujar, entonces lo impulsamos para que cada vez lo haga mejor. Guardo sus dibujos y después los comparamos juntos para que se dé cuenta de cómo ha mejorado gracias a la constancia y no a las iluminaciones divinas", expone Patricia Rojo.

Muchos de nosotros esperamos que nuestros hijos cumplan tareas o reaccionen de forma inadecuada para su edad. Esto se debe a que no nos percatamos de los alcances y las limitaciones del menor. No es lógico pedir a una criatura de tres años que coma sin ensuciarse o responsabilizar a un chico de siete para que prepare y sirva café caliente todas las mañanas.

Para disciplinar a un niño es importante ser objetivo respecto a lo que esperamos del pequeño. Tengo el caso de una madre a quien la suegra le reñía constantemente debido a que su nieta, de menos de tres años de edad, no podía comer quieta y de forma ordenada.

"Todo el tiempo me decía que la niña era muy indisciplinada. Llegué a creerlo hasta que hablé con la psicóloga del preescolar, quien me dijo que no hiciera caso, que era mucho pedir a una niña de tres años que se quedara quieta después de comer, sentada en la mesa y escuchando las conversaciones de los adultos", comenta Gabriela Núñez.

A los niños debemos explicarles paso a paso cómo deben hacer las cosas y, si es posible, pedirles que nos expliquen cómo las harán. Este sistema de repetición hace funcionar mejor al menor, pues lo obliga a asimilar y a ordenar lo que debe hacer.

> Los niños siempre están probando y midiendo hasta dónde pueden llegar. Eso es sano, forma parte de la infancia, sin embargo, el padre debe ser firme y actuar para que el niño entienda lo que se le pide desde la primera llamada de atención

Yo misma lo probé y funcionó. Cuando llegó el momento de bañarse solos, Lucía y Daniel insistían en abrir la llave de la regadera. No les permití hacerlo hasta que entendieron y después me lo explicaron a la perfección: lo primero que tenían que hacer era abrir la llave del agua fría para evitar las quemaduras y, paulatinamente, ir abriendo la del agua caliente para alcanzar la temperatura deseada. También me repitieron que siempre debían pisar el tapete antirresbalante para no sufrir un accidente.

De acuerdo con Marcela Macedo, madre de las gemelas María y Sofía, de ocho años de edad, y de Leonardo, de 11, para criar un niño disciplinado es básico tener definidas las reglas familiares y hacérselas saber a los hijos.

"A pesar de que cuento con servicio doméstico, mis tres hijos saben que deben hacerse cargo de poner su ropa sucia en el cesto adecuado, levantar sus libros y juguetes y, los fines de semana, tender sus camas. Algunas veces me desespera la lentitud con la que hacen las cosas, pero sé que si me vence la prisa y dejo de ser constante un solo día, se vendrían abajo muchos esfuerzos tanto de ellos como míos. Los niños tienen perfectamente claro que cada noche sus habitaciones deben estar en orden y los fines de semana tienen hasta las 10:30 de la mañana para tender camas. Eso me ha funcionado muy bien y ha sido un asunto de paciencia y constancia", comenta.

De acuerdo con Penélope Leach:

La autodisciplina es una planta que crece lentamente y se arraiga en la identificación de los niños con los padres o los padres sustitutos. Aprender a comportarse, y sentirse mejor actuando de esta manera depende de la influencia paternal y no del poder, del calor de las relaciones que ofrecen los adultos en lugar de las órdenes que imponen.

Hay que mostrar a los niños lo que deben hacer y prevenirlos para que no hagan lo que no es debido; asimismo, hay que ofrecerles explicaciones honestas para cada consejo e instrucción, elogio y reprimenda, de modo que puedan obtener generalizaciones a partir de un incidente diminuto, incorporando gradualmente grupos de conductas en un gran rompecabezas que se está creando en su interior.

## De las consecuencias también se aprende

Otro aspecto que a juicio de los especialistas es importante para la disciplina es permitir al niño enfrentarse a las consecuencias de su conducta. De la misma forma en que un adulto descubre por sí mismo los resultados de su comportamiento, el niño también debe vivirlos. Ésta es una forma de dejarlos crecer. Claro, siempre que su salud o su seguridad no resulten perjudicadas.

Dos aspectos más que han contribuido a la crianza de niños con disciplina son, de acuerdo con algunas madres entrevistadas, ofrecer opciones de conductas adecuadas y elogiar sus comportamientos positivos. Por ejemplo, si decimos al niño "no grites, si bajas la voz te escucho bien", lo ayudaremos a evitar los gritos y a hablar con un tono de voz distinto. Asimismo, si reconocemos lo bien que arregló su cajón o la forma como ha mejorado su letra lo estamos estimulando a que continúe haciéndolo. Eso es fomentar la disciplina.

Tampoco hay que olvidar lo importante que resulta la consistencia al criar niños. Ésta es, para nosotros como padres, la prueba de nuestra autodisciplina. Si el chico sabe que después de las seis de la tarde ya no puede andar en la bicicleta tratará por todos los medios posibles de romper esa regla. La consistencia radica, precisamente, en evitar que el niño desobedezca y si lo hace tendrá que haber consecuencias. Nuestra firmeza lo ayudará a sentirse seguro y a asumir que "no puede usar su bicicleta después de las seis de la tarde".

La disciplina es mucho más que un acto ocasional. Es parte integral del esperar que los niños obedezcan. "La capacidad para anticipar las consecuencias y ajustar su conducta de acuerdo con ellas es esencial para el desarrollo de la autodisciplina, que es la meta esencial de la disciplina paterna", expone John K. Rosemond, autor de *¡Porque lo mando yo!*

Actualmente se habla mucho de disciplina positiva, que significa reforzar las conductas adecuadas del niño. Ello, en contraposición a lo que nuestros padres hacían con nosotros al criticarnos, desanimarnos, culparnos y ponernos castigos físicos. Así era la educación de antes, cuando disciplina era sinónimo de castigo. Hoy la sociedad nos exige, y tenemos la obligación de animar la confianza del niño en sí mismo, pensar y sentir como lo hace él para entenderlo, ofrecerle soluciones y, además, felicitar sus esfuerzos.

"¿Cómo lograrlo?", nos preguntamos millones de madres, algunas que trabajan fuera de casa y llegan cansadas sin ganas de disciplinar niños y otras más que tienen la fortuna de estar tiempo completo con ellos.

La clave, responden las propias madres que han logrado equilibrar la relación con sus hijos, consiste en estar siempre muy atentas para reconocer en qué etapa de desarrollo se encuentra el niño

> La consistencia radica, precisamente, en evitar
> que el niño desobedezca y si lo hace tendrá que
> haber consecuencias

y tener claro qué queremos hacer para mejorar la vida de nuestras criaturas.

Muchas podremos pensar que lo que queremos es tener hijos felices, sanos e integrales, que lo mismo les guste patear una pelota que leer un libro. Sin embargo, nos complicamos la existencia demasiado en esa búsqueda de la felicidad dejando escapar los momentos cotidianos que son, finalmente, los que forman una vida.

A mí, por ejemplo, me costó mucho trabajo aceptar que mi hijo Daniel no es perfecto —como no lo es ningún niño de la Tierra—, o que Lucía es más pequeña y delgada que el resto de las niñas de su generación. Durante muchos años luché contra mis propias expectativas sobre lo que quería que fueran mis hijos.

Deseaba —como todas las madres y padres— que llegaran a ser los mejores en todo, los que más rápido aprendieran a caminar, a comer solos a ser, los más brillantes. Pero desde el principio de sus cortas vidas empezaron las duras lecciones para su expectante madre: ambos demoraron mucho en gatear y en caminar, con lo que me quitaron un motivo de presunción y competencia con las demás madres. Daniel siempre detestó las clases de estimulación temprana; además, lo que menos le atrae es el futbol, y Lucía ni de broma practicaría ballet.

Cuando dejé de luchar contra la imagen de los hijos ideales entendí que ellos necesitaban una madre disciplinada y constante. Entonces me di a la tarea de trabajar con los hijos que tengo y no con los que me hubiera gustado tener.

Dice Fernando Savater en *El valor de educar* que el primer objetivo de la educación consiste en hacernos conscientes de la realidad de nuestros semejantes, lo que implica considerarlos sujetos y no meros objetos; protagonistas de su vida y no meras comparsas vacías de la nuestra.

> *La felicidad no es algo que experimentamos, es un momento que recordamos.*
>
> Oscar Levant

Cuando dejé de considerar a Daniel y a Lucía una extensión de lo que me hubiera gustado ser y comprendí que cada niño es diferente, que cada cual tiene sus propias características y que no podemos hacer de ellos nuestros muñequitos, comenzó la parte más difícil de mi maternidad: aceptarlos tal como son. No es que no los quisiera, pero en esta sociedad competitiva los padres esperamos ansiosamente que nuestros hijos sean siempre "los mejores".

"Los padres que invierten sus propios egos en los logros futuros de los niños se distraen del placer de disfrutar de sus hijos tal como son hoy y se sienten decepcionados cuando no pueden satisfacer sus aspiraciones para el mañana. Esto es triste para los padres, pero es mucho más triste para los niños. El desarrollo de su ego depende del placer y aprobación futura; darse cuenta de que son una decepción es un desastre. Los niños han de desarrollar su autoestima y respeto hacia ellos mismos, pues ello maximizará la realización de su potencial, su capacidad para adaptarse y su habilidad para apreciar y respetar a las demás personas; necesitan ser queridos, respetados e incluso aplaudidos por lo que son, en lugar de por lo que hacen. Esto significa que necesitan estar tan seguros de que los logros extra no pueden proporcionarles más amor, así como el fracaso no les puede privar del amor que tienen", explica Leach.

Ofelia de la Fuente comenta que para ella y su familia uno de los valores principales es la disciplina y ésta tiene como punto de partida el respeto a los demás.

"He hablado muchas veces con mis hijas sobre lo que es la disciplina y, sobre todo, he tratado de que la absorban mediante el ejemplo. Saben que el objetivo es aprender a tener control sobre uno mismo. Si la mayor tiene que hacer una investigación escolar y deja todo para una noche antes de la entrega, el resultado será desfavorable. Con mi hija menor es más difícil que pueda manejar sus tiempos, pero con paciencia y constancia va entendiendo que la disciplina supone responsabilizarse de sus compromisos, de sus acciones, de su tiempo".

Silvia Singh, experta en la formación de guías Montessori, señala que actualmente hay una generación de adultos que tiene ideas muy confusas sobre la libertad, la disciplina y los límites. En parte, tal confusión ha sido generada por toda la bibliografía acerca de la frustración infantil y el supuesto freno al desarrollo del niño cuando hay limitaciones, lo que evita el crecimiento.

Esto produce una gran inseguridad en los padres que ya no pueden contar con las bases de lo que fue su educación y buscan otra cosa pero no saben bien qué. Muchos han llegado a creer que poner un límite o frustrar al niño esporádicamente significa que se ha afectado su desarrollo para siempre y que el chico será un niño infeliz.

De acuerdo con Silvia:

Hay poca claridad sobre las diferencias entre desarrollo infantil, libertad y felicidad. Muchos padres, por ejemplo, han llegado a creer que la meta final de sus hijos debe ser la felicidad y a mí me parece que eso no es cierto.

La felicidad son momentos. La vida, y por lo tanto el proceso educativo de nuestros hijos, implica desarrollar tranquilidad y aceptación de uno mismo, con sus capacidades y limitaciones, paz interior, pero esto no quiere decir felicidad.

Libertad y disciplina, por su parte, van de la mano. Son las diferentes caras de la misma moneda. La libertad significa que el

> **Nos complicamos la existencia en esa búsqueda
> de felicidad dejando escapar los momentos
> cotidianos que son, finalmente, los que forman
> una vida**

ser humano tiene la posibilidad de desarrollar las potencialidades con las que cuenta. A esto se llega si realmente entendemos el desarrollo natural y apoyamos al niño para que crezca dentro de éste. Pero si como padres no lo entendemos, entonces creemos que nuestro hijo es desobediente y aplicamos una gran variedad de supuestas normas disciplinarias que lo único que hacen es frenar su crecimiento.

Las recomendaciones de los expertos y aun de otros padres de familia siempre son bienvenidas y de gran utilidad. No obstante, lo que hacemos con la educación de nuestros hijos es una decisión familiar basada en nuestro estilo de vida, la edad de los niños, los temperamentos de cada miembro de la familia y los problemas que surgen en el camino. Pero, independientemente de todo lo que creamos, es importante no olvidar que uno de los mejores regalos que podemos dar a nuestros hijos es saber responder.

## Preguntas

Por supuesto, la disciplina funciona siempre que sepamos respondernos a nosotros mismos como padres de familia:

1. ¿Recordamos cómo fue nuestra infancia y la forma en que nuestros padres nos imponían límites?
2. Cuando damos una orden a los niños, ¿lo hacemos de manera convincente o les preguntamos muy sutilmente si la quieren acatar?
3. ¿Somos suficientemente claros cuando damos indicaciones al niño?
4. ¿Cuántas veces tenemos que repetir las instrucciones al niño?
5. ¿Tenemos un concepto claro de qué es la disciplina? ¿Hemos sabido transmitírselo a los niños?

# Capítulo seis

## Eliminemos las rutinas y los horarios

Yanina Meléndez, madre de Fernando, de nueve años, de Ana Paula, de siete, y de Daniela de cuatro, narra la siguiente anecdota:

—Hola, soy Mario, ¿me puedes comunicar con Fernando, por favor?

—¿Con Fernando? Pero si él se durmió desde hace una hora.

—¿Ya se durmió? Yo apenas voy a cenar.

—¿A cenar, Mario? Son casi las 10 de la noche.

—Yo me duermo a las 11, a veces a las ocho y media o nueve.

"Mi marido no podía creer que un niño de nueve años de edad anduviera deambulando a esas horas de la noche, si sus tres hijos se duermen todos los días a más tardar a las ocho y media de la noche. Y es que yo, con todo lo relacionado con horarios y rutinas, me considero demasiado exigente.

De hecho, ése es uno de nuestros pleitos nocturnos: cuando mi esposo llega en la noche quisiera que todos estuvieran despiertos esperándolo, pero soy de la opinión de que si quiere convivir con los niños debe respetar las rutinas y llegar un poco más temprano aunque sea un par de veces a la semana".

Cierto, a las nueve de la noche lo que más desea cualquier madre es dar un beso de buenas noches a sus hijos y apagar la luz de su habitación para no saber nada de ellos hasta la mañana siguiente, pero en muchos casos, y casas, el padre llega justo cinco minutos antes de que los niños se acuesten y crea un fenomenal alboroto.

Yo lo he vivido en carne propia y en esas ocasiones respiro profundamente y me resigno: media hora más de risitas, niños entrando y saliendo de mi recámara, más vasos de agua y de nuevo empieza el ritual: "mami, ¿me tapas?", "mamá, a mí no me diste un beso", "¿dónde está mi muñeco?", etcétera.

Pero mientras para nosotros los adultos estos rituales son agotadores, para los niños la consistencia de la rutina es garantía de seguridad. De acuerdo con los especialistas —incluidos los pediatras— es mediante la repetición de situaciones y experiencias que los niños aprenden.

Así, los resultados de rutinas cotidianas firmes, bien establecidas y seguras crean niños que escuchan, cooperan e incluso parecen disfrutar de ir a la cama a una hora razonable o la transición de una actividad a otra.

Las rutinas son patrones y hábitos de los que las familias dependen para manejar su vida diaria.

Nosotros como padres buscamos formas de organizarnos y economizar tiempo, y son precisamente las rutinas las que nos ayudan. En el caso de los niños, les dan un sentido de identidad, estabilidad y constancia.

*Cuanto mejor se enseña un ejercicio, más estimulante parece para ser repetido incansablemente.*

MARÍA MONTESSORI

De acuerdo con Daniela Canovas, en su artículo citado, establecer horarios y rutinas cotidianas para actividades como el baño, el juego, la alimentación y el sueño forma parte de una disciplina sensata y justa que brinda gran apoyo al desarrollo neurológico, la inteligencia y la fortaleza emocional del pequeño. Le enseña a esperar y a tolerar la frustración al no ver cumplidos sus deseos.

Ello lo fortalece y lo hace más creativo, ya que lo impulsa a crear otros caminos para alcanzar sus objetivos.

Así reconoce nuevas posibilidades en sí mismo y en el exterior. La disciplina amorosa le ofrece la tranquilidad de crecer en una estructura social sólida que le ayudará a edificar su carácter como una fuerza interna que lo protegerá toda la vida, le enseñará a renunciar a los caprichos, a respetar su integridad y la de los demás y a esforzarse para alcanzar las metas elegidas en libertad."

Los niños necesitan contar con límites previsibles. La repetición cotidiana de determinadas actividades les garantiza que el mundo es un lugar seguro; por añadidura, saben qué esperar de los demás y qué esperan los demás de él. Por eso es muy importante que tengan horarios y rutinas perfectamente estipuladas. Para ellos es primordial saber qué va a pasar después de bañarse, comer, hacer la tarea, asistir a la clase de música, etcétera. Un niño sin horarios o con una vida cotidiana caótica difícilmente podrá sentirse seguro o hacerse responsable de sus actos.

La familia, o las personas a su cargo, son la principal fuente de formación para el niño. De lo que hagamos con ellos dependerá su autoestima, su crecimiento, su capacidad para comunicarse y el

> Es mediante la repetición de situaciones y
> experiencias que los niños aprenden

desarrollo adecuado de sus potencialidades. La responsabilidad que tenemos es enorme y para el pequeño es fundamental tener una vida más o menos organizada.

Angélica Corona, madre divorciada, tiene dos hijos: José Miguel, de seis años, y Javier, de nueve. Ella reconoce lo difícil que es ser madre soltera a pesar de que los niños ven a su padre cada fin de semana. Comenta:

"Los tengo perfectamente instruidos en materia de horarios y eso ha ayudado mucho. Algunas veces cuando vuelvo a casa del trabajo Javier me pide que le revise la tarea, pero sabe que debe estar terminada; ellos deben estar bañados y haber cenado, de modo que a las nueve y media a más tardar estén dormidos. Ha sido muy importante para los niños saber que su vida está organizada. Cuando me divorcié se hizo un caos enorme en la casa, pero las rutinas cotidianas ayudaron mucho a que mis hijos no sintieran que el mundo se les venía encima.

Continuaron yendo a la escuela, al futbol, siguen viendo cada 15 días a los abuelos paternos. Por supuesto, ha habido muchos ajustes en nuestra vida diaria, pero con divorcio o sin divorcio, siempre tenemos que ajustar las rutinas y los horarios a la edad de los niños. No podemos pedir a una nena de 10 años que se acueste a las siete y media".

Por su parte, en casa de los Amézquita las cosas no fluyen tan bien: ninguno de los tres niños tiene horario para ir a la cama, por lo que en los días de escuela mi amiga Mónica batalla mucho para que se levanten. Cecilia, su hija de 11 años, hace la tarea mientras ve la telenovela de las cuatro de la tarde y a Víctor, de ocho años, debe repetirle infinidad de veces que apague el Nintendo para terminar los deberes.

El bebé de un año y medio, llora: a veces de hambre, otras de sueño y nadie lo acurruca. Sin embargo, es una familia feliz. Los padres se llevan estupendamente bien —lo cual para los hijos es básico—, van juntos al club todos los fines de semana; los niños no son los más brillantes de la escuela pero tienen buenas calificaciones y, además, les gusta el deporte.

"Mira", dice Mónica, "yo sé que lo ideal para mis hijos sería tener una madre de tiempo completo, una vida muy bien organizada y un horario para dormir. Pero hago lo que puedo. Creo que lo más importante es que los niños estén sanos, y mis hijos lo están".

*La educación familiar funciona por la vía del ejemplo, no por sesiones discursivas de trabajo, y está apoyada por gestos, humores compartidos, hábitos del corazón, chantajes afectivos junto a la recompensa de caricias y castigos.*

FERNANDO SAVATER

También es cierto que a los niños que no tienen rutinas ni horarios y lo mismo pueden bañarse en la mañana que a media tarde, tampoco les pasa nada, crecen igual de sanos y contentos. Pero (y creo que en eso radica la diferencia entre unos y otros) esta madre reconoce que sus hijos son muy desordenados y la disciplina no se lleva bien con ellos. "Me faltaron firmeza y límites claros", comenta.

Los conocedores del tema afirman que la reiteración de las rutinas diarias ayuda al chico a desarrollar el sentido de la responsabilidad. De la misma forma, la capacidad para organizar las actividades y pertenencias personales hará que cada día sea más fácil para la familia.

Tengo amigas que meten las mochilas de los niños en el automóvil la noche anterior; otras piden a los chicos dejar listos los uniformes antes de dormir. "Si yo pudiera dejar preparadas las loncheras desde un día antes sería muy feliz", afirma una de ellas.

## La familia y la formación de hábitos

A propósito de la responsabilidad que tiene la familia en la formación de hábitos en los niños, el doctor Alfredo Morín, experto en terapia familiar, afirma que la crisis por la que hoy atraviesa esta institución ha afectado mucho la forma en que crecen y se desarrollan los niños, pues, por ejemplo y respecto a las rutinas y horarios, es difícil tener patrones cotidianos inamovibles.

Es relevante considerar esto porque tal vez para las madres de antes era más sencillo organizar el tiempo de los niños, pero ahora existe un gran número de madres que trabajan, madres solteras o divorciadas para quienes no es tan fácil establecer horarios para cada actividad. Lo contradictorio de todo ello es que aunque haya cambiado el perfil de la familia en el planeta, las necesidades de los niños siempre serán las mismas: horarios, rutinas, una familia cálida, atención y tiempo de calidad.

Silvia Baeza, profesora titular de la Clínica Psicopedagógica en la Universidad del Salvador, Argentina (*El rol de la familia en la educación de los hijos*), anota:

> En la familia se tejen los lazos afectivos primarios, los modos de expresar el afecto, la vivencia del tiempo, las distancias corporales, el lenguaje, nuestra historia. La familia es por excelencia el campo de las relaciones afectivas más profundas y constituye uno de los pilares de la identidad de una persona.

Familia, casa y escuela son tres importantes puntales en el desarrollo del pequeño. Es en esos ambientes donde los límites, la disciplina y las rutinas diarias adquieren forma y significado para el niño. De ahí él toma elementos para crecer y desarrollarse.

"Lástima que los niños de hoy estén tan poco tiempo en casa con su familia, son niños de avenidas transitadas, vías rápidas y automóviles. De la casa a la escuela, de la escuela a la clase de pintura, de ahí a la de natación, después vamos al supermercado, llegamos a casa a hacer tareas y a la cama a dormir", narra María Eugenia Pérez, directora de un prestigiado plantel de nivel preescolar.

Las innegables transformaciones que ha sufrido la familia no justifican, sin embargo, que ésta pierda su lugar de eje en la vida del niño. Esté formada por quien fuere, es importante que el pequeño sienta su apoyo en la vida diaria.

La familia, principalmente la madre, me decía una psicoanalista, debe jugar el papel de "gasolinera" en la vida de los niños: estar siempre ahí, abierta para cuando sea necesario llenar el vehículo de combustible.

La comodidad, la seguridad y la estabilidad emocional que da la familia permiten al chico dedicarse a lo que tiene que hacer: a jugar, a crecer y a importunar a los adultos con todo tipo de peticiones. Los adultos, debemos dedicarnos a crear un espacio adecuado para que el niño se desarrolle mejor que nosotros.

> Familia, casa y escuela son tres importantes puntales en el desarrollo del pequeño. Es en esos ambientes donde los límites, la disciplina y las rutinas diarias adquieren forma y significado para el niño

Desde que rebasaron los ocho años, Lucía y Daniel han defendido como verdaderos abogados su derecho a jugar después de hacer la tarea. Así, tuve que recortar todo tipo de actividades extraescolares en nombre de los derechos de los niños: "Mamá, no quiero ir a clases de natación, ya sé nadar. Tampoco quiero ir al basquetbol ni al karate, quiero estar toda la tarde jugando, ver a las siete mi programa favorito, bañarme, cenar y dormir", me reclama Daniel.

Esto, visto en términos competitivos, nos deja fuera de la jugada porque el amigo del niño que menos actividades tiene es un chico que va dos veces a la semana al *taekwando*. Pero un niño sin ninguna actividad vespertina es una herejía. Esto mismo, visto en términos prácticos, favorece a todos, pero principalmente a mí porque me ahorra salidas, tráfico y pleitos contra el tiempo. Lo mejor es, ni duda cabe, que mis dos hijos se encuentran a gusto en casa.

"Cuando un niño siente que la casa donde habita es suya, es su espacio, debemos aprovechar la oportunidad para fomentarle rutinas y hábitos de apoyo doméstico", afirma Luz Elena Montes, educadora.

Elaine St. James, en su libro antes citado recomienda que, además de enseñar a nuestros hijos a cuidar la ropa y sus pertenencias personales, se simplificaría mucho nuestra vida si les hacemos participar en las tareas domésticas cotidianas.

"Haz que tus hijos colaboren en las labores diarias desde muy pequeños y dales más responsabilidad a medida que vayan creciendo y sepan hacer más cosas", recomienda.

"Desde que tenía cinco o seis años mi hija María José dobla y guarda su ropa y ahora que ya tiene 10 incluso me ayuda a cocinar. De hecho, durante los fines de semana los niños preparan los jugos y ponen la mesa. Más tarde entre todos limpiamos la cocina, cada uno tiende su cama y nos turnamos para aspirar las alfombras. Tengo una lista pegada en el refrigerador donde aparecen nuestros nombres y el día del mes cuando debemos realizar las distintas actividades de la limpieza en la casa. Los niños no las ven con disgusto, sino como parte de sus obligaciones", añade.

## Recomendaciones útiles para obtener la cooperación de nuestros hijos

Según Mercedes del Toro, si queremos que nuestros hijos colaboren con nosotros en los quehaceres domésticos no evaluemos lo que hicieron o cómo. Simplemente describamos lo que vemos: "Veo un estudio recogido, unos cajones con ropa bien doblada y una mochila en su lugar. A eso es a lo que yo llamo responsabilidad. A mí me funcionó esa recomendación".

Además, podemos poner en práctica lo siguiente:

▶ Hay que *describir* lo que nos molesta: tu uniforme está en el suelo, tus colores están en mi recámara, dejaste el baño muy desordenado.

▶ Es necesario *dar información* al chico al respecto: el uniforme se va a arrugar, estoy pasando la aspiradora y tus colores pueden perderse, tu hermana aún no se baña y merece un baño limpio.

▶ Tenemos que *decir al niño la palabra exacta* de lo que nos molesta: Mario, tu uniforme, Andrea, tus colores, Inés, el baño.

▶ Es importante *describir lo que sentimos*: no me agrada la idea de planchar otra vez el uniforme, no habrá colores nuevos, el baño estaba limpio cuando tú lo usaste.

Cumplir con las tareas de la casa debería ser un hábito para los niños. Todos deberían ayudar de acuerdo con sus posibilidades y fuerzas. Desde que el niño puede hablar las normas deberían establecerse, y no discutirse, pero tristemente siempre encontramos excusas fantásticas para justificar la falta de colaboración de los niños en los quehaceres del hogar y tenemos mejores argumentos aún para evitar molestarlos porque "vienen muy cansados de la escuela".

*La familia es aquella que tiene que ocuparse de ti cuando nadie más lo haga.*

PURVES

Yo incluso, reconozco que me he dejado seducir por el dulce "porfa mami, tiéndeme la cama, estoy muy cansada" de Lucía. Después nos quejamos de que no recogen ni un calcetín. Coincido con quienes afirman que hay que dejar a los niños valerse por sí mismos.

## La tarea más difícil: estudiar

Muchos padres entrevistados afirman que las tareas escolares o las tardes de estudio durante los periodos de exámenes les resultan problemáticas. La razón es que no es fácil que el niño quiera estudiar en otro lugar que no sea la escuela. No soy enemiga de las tareas ni de los exámenes, pero tampoco soy su aliada. Aunque nunca lo digo delante de mis hijos, me parece que las escuelas se exceden en las cargas diarias de trabajo para hacerse en casa.

Una tarde pregunté a Lucía sobre la cantidad de tarea que le habían asignado y me contestó que en realidad era muy poca. Pero cuando empezó a decirme en lo que consistía me quedé sorprendida de su visión de las cosas.

"Mira, es poca: Matemáticas, Español, hacer un dibujo sobre la primavera, dos páginas de caligrafía, responder este cuestionario de Historia; dos páginas del libro de Inglés y memorizar el poema. ¿Poca, no?".

Nunca entendí si su respuesta era irónica o si la niña de verdad creía que era poca tarea. Lo cierto es que a mí me pareció una cantidad enorme para su edad.

Por supuesto, es deber de la familia contribuir a formar hábitos de estudio en los niños, pero las madres nos resistimos a verlos todas las tardes sentados frente a los escritorios rellenando páginas de escritura y respondiendo cuestionarios sobre las partes de la flor. La escuela siempre responde: "Señora, busque otro colegio. Las puertas de éste están abiertas".

También creo que muchas madres nos involucramos demasiado en las tareas escolares y nos preocupamos en exceso por las calificaciones de nuestros chicos. No hay más que ir a la hora de la salida a cualquier escuela de la ciudad para escuchar a cientos de mujeres preguntar a sus hijos: "¿Cómo te fue en el examen? ¿Entregaron calificaciones? ¿Quién obtuvo el primer lugar?"

Lo mejor sería sacarnos de la cabeza la idea de que al calificar las tareas de nuestros hijos los maestros nos están calificando a nosotros, sus padres, y después ser capaces de despertar en el chico un interés genuino por el aprendizaje.

Métodos hay muchos y cada familia encontrará el que mejor le funciona a sus niños. Hay personas que aprenden repitiendo, otras haciendo pequeños resúmenes, algunas más prefieren comprender mediante la lectura en lugar de repetir y repetir. Yo no soy experta en la materia, por lo que no puedo afirmar siquiera cuál método es el mejor. De lo que sí estoy convencida es de la importancia que tiene que los padres apoyen siempre a la escuela y así evitar confusión en las cabecitas de los menores.

> Es muy importante que los infantes tengan
> horarios y rutinas perfectamente estipuladas.
> Incluidos también espacios para descansar y jugar

Daniel, a diferencia de Lucía, se lamenta todo el tiempo de la gran cantidad de tarea que le deja la maestra. Siempre le digo que ésa es la norma de la escuela y si quiere seguir en ella, debe aceptar las reglas. En mi interior lo apoyo, pero no siempre se puede tener lo que se quiere.

Sean muchas o pocas tareas, buenas o malas, el punto es lo que nosotros como padres de familia podríamos hacer para que a los niños les sea leve y atractivo el hábito de estudiar.

Los expertos hacen una serie de recomendaciones para la creación de los hábitos de estudio que, de preferencia, deben establecerse entre los ocho y nueve años de edad, es decir, en tercero o cuarto grado de primaria. Antes de eso, los padres debemos trabajar en conjunto para corregir y ayudar a los hijos con sus deberes. Cuando los niños llegan a casa después de la escuela no es necesario presionarlos para que hagan la tarea.

De preferencia debemos proveerles de tiempo libre para descansar y jugar. El mismo fastidio que sentimos las madres después del trabajo al llegar cansadas a casa y tener que revisar tareas, es el que sienten los chicos cuando llegan y les pedimos que cumplan con sus deberes escolares. No sé por qué, pero siempre tenemos prisa de que los terminen. Creo que en muy pocas ocasiones los dejamos hacer las cosas a su propio ritmo.

"Mamá, por favor no me digas que me siente en este momento a hacer la tarea. Déjame descansar por lo menos 10 minutos", me pide Lucía cuando me ve llegar a su habitación después de comer.

Convencida de que una enorme mesa era ideal para tareas, gasté tiempo, dinero y regateos en una muy funcional. Al principio todos estábamos muy entusiasmados con la adquisición y cada uno de mis hijos tenía su cabecera especial para hacer los quehaceres de la escuela. Tiempo después decidieron que el piso es el mejor lugar para hacer la tarea. Lucía tiene una manera muy extraña de tumbarse para trabajar, pero le funciona. Cuando se trata de hacer dibujos me pide permiso para escuchar un poco de música —no precisamente clásica—. Finalmente han encontrado la mejor forma de acomodarse, y así es como, poco a poco, he estado cediendo ante sus peticiones. Por otra parte, ellos nunca me dicen cómo debo trabajar frente a la computadora, así que merecen el mismo respeto.

Lo único que no se les permite —y eso ni siquiera han intentado negociarlo— es hacer la tarea en penumbra, mientras ven la televisión o comen.

*Es una pena que los padres de familia vean el desempeño escolar de sus hijos como un número.*

Anónimo

Me costó mucho trabajo aceptarlo, pero Daniel y Lucía se encuentran muy distantes de ser niños que tranquilamente, y con posturas erectas, se sientan frente a una mesa a estudiar, o que no se levantan ni una sola vez hasta que terminan.

Daniel tiene una curiosa manera de concentrarse cuando está estudiando, camina por toda la casa con el libro en la mano, llega a mi recámara y se tumba en la cama o en el suelo a responder las preguntas de sus cuestionarios. Seguramente los educadores no coinciden con este sistema, pero los niños siempre cumplen sus obligaciones y desde el día que dejé de insistirles en trabajar sobre la mesa se acabaron los problemas.

## ¿Qué significa la escuela?

Como padres, debemos transmitir a los niños que el acto de aprender es entretenido. Para ello podemos considerar lo siguiente:

- Los niños pasan en la escuela por lo menos 14 años de su vida.
- Es en la escuela en donde por primera vez sienten la separación de su madre.
- Es en la escuela en donde verdaderamente aprenden a compartir con otros el juego, el trabajo, el tiempo.
- Es en la escuela en donde miden su capacidad de trabajo y se enfrentan a la exigencia diaria del maestro.
- Es en la escuela en donde dejan su infancia.

De acuerdo con Claudia Rendón, madre de tres hijos estudiantes de primaria, debemos dejar que los niños se tomen algunos instantes de descanso mientras cumplen con las tareas. "Así lo comprendí cuando le diagnosticaron déficit de atención a mi hijo de siete años. Los otros dos no padecen ese problema, pero no les viene nada mal tomarse 10 o 15 minutos de recreo entre materia y materia."

María del Carmen Granados, maestra normalista, asegura que como el tiempo de concentración es variable según la edad del niño, tendremos que establecer también periodos de descanso para evitar la fatiga, ya que ésta reduce la calidad del trabajo.

"Por ejemplo, un chico estudiante de primaria puede estudiar sin fatigarse durante 20 minutos, después de los cuales podrá descansar cinco minutos; al pasar los siguientes 20 minutos, podrá descansar 10, es decir, aumentar cinco minutos por cada 20 de es-

La capacidad para organizar las actividades y
pertenencias personales hará que cada día sea
más fácil para la familia

tudio, de tal manera que en dos horas haya cubierto un tiempo de estudio de una hora con 20 minutos y haya descansado un total de 35 minutos. Al principio puede costar un poco de trabajo, pero con constancia el hábito de estudio se autorrefuerza".

Incluso en la formación de hábitos de estudio procuremos hacer la vida fácil a los niños y, principalmente, a nosotras mismas. Un buen ejemplo son las tareas más complicadas. Estimulemos a que sean éstas las que hagan primero, ya que como están comenzando con sus deberes aún no se sienten cansados ni malhumorados. Asimismo, si en la escuela les dejan tareas para el fin de semana, tratemos de que la terminen el sábado por la mañana y así tendrán todo el domingo libre.

"Mis hijas son expertas en pedirme las cosas más extrañas para la tarea el domingo a las ocho de la noche. Fernanda recuerda que necesita un mapa del Distrito Federal sin los nombres de las delegaciones, recortado y pegado sobre cartulina para su clase del lunes siguiente. Sofía llora porque la maestra les pidió que hicieran tres páginas del libro de ortografía, son las nueve de la noche y lo acaba de recordar", expone Laura Juárez.

Por supuesto, ahí estamos los padres para ayudarlos, aunque no es lo ideal. Debo confesar que yo misma les he enviado recados a las maestras echándome la culpa de alguna tarea que le faltó a cualquiera de mis hijos.

"Usted no ha entendido que tiene que dejarlos enfrentar las consecuencias de sus olvidos", me dirían tanto la psicóloga escolar como la directora del plantel si se enteraran. Pero no puedo evitar hacerlo y confieso que la culpable de esta actitud es mi madre. Cuando yo era niña, si algún día laboral hacía un poco de frío ella nos decía: "No, niños, hoy no van a ir a la escuela. Hace mucho frío". Otras, cuando no terminábamos la tarea, mandaba recados que evitaban que la maestra nos regañara por no haber cumplido con nuestra labor. Por supuesto, nunca me dejó encarar las consecuencias de mis olvidos escolares. Pero yo tampoco abusaba. Mi madre, además de haber estado físicamente, siempre nos apoyó y nos trató con cariño y respeto aunque fuéramos unos niños.

Eso bastó para tener buenos hábitos de estudio. Así como los niños deben aprender desde temprana edad ciertas conductas básicas como lavarse las manos o cepillarse los dientes, según los especialistas es fundamental, además, fomentar en ellos la creación de hábitos de estudio que les permitan enfrentar de la mejor forma posible el sistema educativo.

*El hombre que es muy viejo para aprender ahora, fue un niño muy joven para aprender antes.*

ANÓNIMO

"Esta costumbre es indispensable en el momento de ingresar más tarde a una carrera de educación superior e, incluso, para desempeñarse laboralmente de manera óptima cuando sean adultos", afirma Granados.

"En cualquier educación, por mala que ésta sea, hay suficientes aspectos positivos como para despertar, en quien la ha recibido, el deseo de mejorar el camino del aprendizaje de aquellos de los que luego será responsable. La educación no es una fatalidad irreversible y cualquiera puede reponerse de lo malo que vivió en la suya, pero ello no implica que se vuelva indiferente ante la educación de sus hijos, sino más bien todo lo contrario", sostiene Fernando Savater.

# Preguntas

Para la formación de hábitos y rutinas en mi familia debemos preguntarnos:

1. ¿Tomamos en serio y con responsabilidad nuestro papel como principales ejemplos en la educación de nuestros hijos?
2. ¿Repetimos los patrones de conducta con los que fuimos educados? ¿Nos funcionan?
3. ¿Nos ponemos en el lugar de nuestros hijos o hacemos con ellos cosas que no nos gustaría que nos hicieran a nosotros?
4. ¿Nuestros hijos tienen claramente establecidos sus deberes domésticos? ¿lo entienden?
5. ¿Nuestros hijos realizan sus tareas escolares, se bañan y comen a la misma hora cada día? Es decir, ¿tienen una rutina clara y bien establecida?
6. ¿Cuando vamos a introducir algún cambio en la rutina de nuestros hijos les avisamos o los tomamos desprevenidos?

# Bibliografía

Baeza, Silvia, *El rol de la familia en la educación de los hijos*. www.
salvador.edu.ar. (Consulta hecha en septiembre de 2000.)

Baptista, Pilar, "Autoestima y comunicación en el hogar". *Revista para Educar*, México, 1995, año 1, núm. 3.

Canovas, Daniela, "Para educar a ser felices". *Aprendamos juntos*, septiembre−octubre, México, 1998.

Clemes, Harris y Reynold Bean, *Cómo disciplinar a los niños sin sentirse culpables*. Diana, México, 1995.

Coloroso, Bárbara, *Padres respetuosos, hijos responsables*. Vergara, Argentina, 1999.

Covarrubias, Guillermo, "Identidad e integridad. Autoridad paterna". *Revista Digital de Educación y Nuevas Tecnologías*, núm. 9, julio de 2000 (http://contexto−educativo.com.ar).

Leach, Penélope, *Los niños primero: todo lo que deberíamos hacer y no hacemos por los niños de hoy*. Paidós, España, 1995.

Nitsch, Cornelia y Cornelia von Scheling, *Límites a los niños. Cuándo y cómo*. Medici, España, 1999.

Purves, Libby, *Cómo no educar un hijo perfecto*. Paidós, México, 1994.

——————, *Cómo no ser una familia perfecta*. Paidós, Buenos Aires, 1996.

Rosemond, John K., *¡Porque lo mando yo!* (2). Leo, México, 1998.

Rubio, José, *Narciso, la máscara y el espejo. Estudio del carácter humano*, Edamex. México, 1993.

Saphier, Ruthann, *Parenting Tips for the Strung Out Mom and Dad–A Toolkit.* (http://www.toolkitsforliving.com.)

Savater, Fernando, *El valor de educar*. Instituto de Estudios Sindicales de América, México, 1997.

Sol, Ana, *La importancia de los límites.* (http://www.familiadigital. com. Consulta hecha el 28 de junio de 2001.)

St. James, Elaine, *Simplifica tu vida con los niños. 100 maneras de hacer más fácil y divertida la vida familiar*. Paidós, España, 1998.

Steede, Kevin, *Los 10 errores más comunes de los padres y cómo evitarlos*. EDAF, España, 1999.

Stowe, Virginia K., *Educar niños felices y obedientes con disciplina positiva. Estrategias para una paternidad responsable*. Oniro, España, 1999.